Bewegte Zeiten
an
Jade und Maade

Theodor Murken

Bewegte Zeiten an Jade und Maade

VERLAG LOHSE-EISSING
WILHELMSHAVEN

Verlag Lohse-Eissing, Wilhelmshaven 1983
Gesamtherstellung Mohndruck Graphische Betriebe GmbH, Gütersloh
ISBN: 3-920602-28-5

Inhaltsverzeichnis

Einführung

Die Geschichte des Wilhelmshavener Raumes und seiner Umgebung ist reich an wichtigen Begebenheiten aus alter wie aus neuer Zeit. Sie beginnt vor etwa 2000 Jahren mit den ersten menschlichen Ansiedlungen in der vom Meere in einer langen Überflutungszeit aufgebauten Marsch und noch früher in den Gebieten der diluvialen Geest, die ihre Nase auch heute noch an verschiedenen Stellen in die Marsch vorschiebt.

Der Mensch schuf Unruhe, er baute, veränderte, kämpfte, zerstörte, baute wieder auf, ersann Neues, schloß Bündnisse, erweckte Feindschaften, schuf sich Gesetze und Rechte, siegte und revoltierte, unterlag und verlor Land, Haus, Hof, Frau und Kind. Er fürchtete die Götter und wurde Christ, gezwungen erst und widerstrebend, dann schließlich überzeugt, baute Kirchen an die Stelle der heiligen Haine, trotzte den Fluten des Meeres und mußte täglich von neuem darauf bedacht sein, mit den Widerwärtigkeiten des Alltags und des Lebens fertig zu werden. Er verwandelte die Natur – in eine Kulturlandschaft, schuf Weide- und Ackerland, baute Häuser, Dörfer und Städte, war streitbar und friedlich, seßhaft und mit der großen Welt verbunden, richtete und wurde gerichtet und immer auf das bedacht, was er für sein Recht hielt. Mehr noch als die »große Geschichte« ist die unserer Heimat ein Mosaik aus vielen bunten, schillernden und auch wohl matten Steinen. Aus vielen kleinen Dingen baut sie sich auf und ergänzt sich ständig. Was heute geschieht, ist morgen schon Geschichte.

Seit etwas mehr als 60 Jahren hat der Verfasser ihnen nachgespürt und sie in gut eintausend veröffentlichten Arbeiten, die in Heimatbeilagen und Zeitschriften erschienen, festgehalten und versucht, sie zu einzelnen Themen zusammenzufassen. Urkunden, wie sie zum großen Teil in Urkundenbüchern festgehalten sind, wissenschaftliche Untersuchungen, Grabungen der jüngeren Zeit und auch viele eigene Erlebnisse haben dabei reiches Material geliefert.

Die hier dargebotene kleine Auswahl soll einige Beispiele zeigen von dem, was an Jade und Maade in den verschiedenen Zeitläuften sich zugetragen und begeben hat.

Wilhelmshaven, im Sommer 1983 Theodor Murken

Stadt zwischen Deichen, Wurten, Buchten und Prielen

Als »beklagenswertes Volk« bezeichnete im ersten Jahrhundert unserer Zeitrechnung der Römer Gaius P. Secundus Plinius (der Ältere), der um die Mitte des ersten Jahrhunderts als Offizier mit der römischen Flotte in die Nordsee gekommen war, die Bewohner der südlichen Nordseeküste. In der von ihm hinterlassenen Schilderung sagt er, die Menschen hätten sich für ihre Hütten »große Erdhügel« gemäß der höchsten Flut mit den Händen errichtet und fristeten hier, so glaubte er beobachtet zu haben, ihr recht armseliges Leben. Ihre Speisen und ihre vom Nordwind erstarrten Glieder erwärmten sie durch »Erde« (womit Plinius den Torf meinte), ihre Nahrung seien die Fische, denn es sei ihnen nicht vergönnt, Vieh zu halten, und nicht einmal mit wilden Tieren könnten sie kämpfen.

Daß die Bewohner auf Erdhügeln lebten, hat Plinius richtig beobachtet. Was ihre Lebensweise betrifft, mag diese gerade dadurch beeinflußt worden sein, daß die Nordseeküste damals von einer Sturmflut betroffen wurde, die auch den römischen Schiffen zu schaffen machte. Heute wissen wir aus den Untersuchungen dieser »Erdhügel«, daß man damals nicht so armselig und beklagenswert auf ihnen gelebt hat, wenn ein Römer sicherlich auch nicht mit ihnen hätte tauschen mögen.

Gewiß hatten es in jener Zeit die zum Volksstamm der Chauken gehörenden Bewohner unserer Küste nicht leicht, sich gegen die See zu behaupten. Sie kannten die Deiche noch nicht, mit deren Bau die Nachfahren erst 1000 Jahre später beginnen sollten. Damals hatte (wieder einmal) das Ansteigen des Meeresspiegels eingesetzt. Um sich gegen die immer höheren Fluten zu schützen, mußten die Bewohner ihre zunächst als Flachsiedlungen angelegten Wohnstätten erhöhen und das im Laufe der folgenden Jahrhunderte von Zeit zu Zeit wiederholen. Zur Aufhöhung diente neben dem Dünger des Viehs, das sie hielten, der Schlickboden des umliegenden Landes, dessen Beförderung auf ihre Wohnhügel Kraft und ungeheure Arbeit erforderte. Holz, Flechtwerk und Reith für die Dächer waren oft von weither heranzuschaffen. Vielfach gewundene Wasserläufe, die Priele, zogen sich durchs Land. Sie waren die wichtigsten Verkehrswege. An ihnen ließen sich die Bewohner nieder. Niemandem brauchte es einzufallen, sie zu beklagen, die Chauken nicht und auch nicht die Friesen, die einige hundert Jahre später von Westen her ins Land kamen, auf noch nicht einwandfrei geklärte Weise die Chauken ablösten, die Wohnstätten weiter ausbauten und neue errichteten, zum Wohnen nicht nur, sondern auch als Umschlagplätze für ihren Handel.

Wurten nennen wir heute die damals entstandenen Wohnhügel. Wir finden sie noch überall in der Landschaft der Marsch. Diese entstand durch die Ablagerungen des Meeres in einem langen Zeitraum nach der Eiszeit zwischen der Zuider See und der Elbe an der südlichen Nordseeküste und an Schleswig-Holsteins Westküste.

Das Wort »Wurt« bedarf einer sprachlichen Erklärung. Wenn wir im Duden nachschlagen, ist es die »niederdeutsche Bezeichnung« für »Warf«, und unter dem Stichwort »Warf« lesen wir, dies sei eine

»Erdaufschüttung als Wohnplatz«. Damit wissen wir aber immer noch nicht, ob man nun Warf oder Wurt sagen muß. Tatsächlich geben uns die Kartenblätter Rätsel auf. Ein in der Nähe der Wilhelmshavener Deichbrücke an der Stelle einer heutigen Marineanlage gelegener frühgeschichtlicher Wohnplatz war die »Banter Wierth«. Alte Wurtendörfer im Bereich des Wilhelmshavener Stadtgebiets heißen Breddewarden, Fedderwarden, Sengwarden, andere Wohnplätze Hohewerth und Langewerth. Nimmt man dazu die Bezeichnung Wurp in der Wesermarsch und Wierde im Lande Wursten, wird die Verwirrung noch größer. Es ist daher wichtig zu wissen, daß die verschiedenen Benennungen für das gleiche Objekt auf unterschiedliche sprachliche Wurzeln zurückgehen. Das »Durcheinander« entstand im Laufe einer langen Entwicklung, so daß heute eine saubere Trennung der betreffenden Worte nicht immer gelingt. Weitgehend durchgesetzt hat sich die Bezeichnung Wurt, und diese hat auch das Niedersächsische Landesinstitut für Marschen- und Wurtenforschung in Wilhelmshaven in seiner Amtsbezeichnung übernommen.

Da in Ostfriesland das Wort Warf gebräuchlich ist, das Jeverland und damit auch der Wilhelmshavener Raum zum friesischen Sprachraum gehört, ist es nicht verwunderlich, wenn auf alten Karten bei uns verschiedene Bezeichnungen auftauchen.

Wilhelmshaven ist eine Stadt der Wurten. Sie gehören zum Charakter der Landschaft, jede von ihnen bedeutet ein Stück Geschichte. Der Heimatforscher Heinrich Oldewage hat für das frühere Stadtgebiet in seiner Ausdehnung ab 1938 nicht weniger als 185 Wurten ermittelt und auf einer Karte festgehalten, dazu 36 alte Deiche und Wege. Rosemarie Krämer hat kürzlich als Mitarbeiterin des Landesinstituts für

Marschen- und Wurtenforschung im Auftrage der Stadt für das Stadtgebiet in seiner jetzigen Ausdehnung eine neue Inventarisierung der hier vorhandenen prähistorischen und historischen Elemente unserer Landschaft vorgenommen. Sie ist dabei auf 350 Objekte gekommen.

So sehr in der inneren Stadt im Laufe der mehr als hundertjährigen Entwicklung durch Bauten und Planungen die Zahl der Wurten sich verringert hat, ist doch eine bemerkenswerte Anzahl noch erhalten geblieben und im Stadtbild deutlich erkennbar. Zu ihnen gehören die Dorfwurt Heppens, im Volksmund »Heppenser Berg« genannt, die in der Nähe gelegene »Observatoriumswurt« (so genannt, weil hier das im zweiten Weltkrieg zerstörte Marine-Observatorium stand), der Krähenbusch zwischen Bremer-, Oldeooge- und Lessingstraße (ein Musterstück im Rahmen des Landschaftsschutzes), die durch die Art ihrer Bebauung und Umwandlung in ihrem alten Charakter stark beeinträchtigte frühere Mitscherlich-Nathenstedt-Theilensche Wurt an der Ecke Peterstraße/Metzerweg (Cäcilienschule) und die besonders markante Dorfwurt Schaar, über die die Schaarreihe hinwegführt.

Die Menschen, die in frühgeschichtlicher Zeit und im Mittelalter auf den Wurten seßhaft waren, lebten von der Landwirtschaft, von handwerklicher Tätigkeit und vom Handel. Sie waren weitgehend Viehhalter. In dreischiffigen Häusern lebten Menschen und Vieh unter einem Dach. Bei den Ausgrabungen auf der zwischen dem Banter Weg und Mariensiel gelegenen mittelalterlichen Dorfwurt Hessens wurden Reste einer Bootswerft gefunden. Große Mengen an Stoffresten und Webgewichte lieferten Anhaltspunkte dafür, daß hier die Webtechnik besonders gepflegt worden ist. Der holzgeschnitzte Hessenser Drachenkopf ist von großer kulturgeschichtlicher Bedeutung. Und auch volkskundlich hatte die Grabung in den 50er Jahren durch den Fund eines als Bauopfer dargebrachten Kleinkindes unter der Herdstelle des Hauses ein ungewöhnliches Ergebnis.

Der Fund verrät uns allerdings nur die Tatsache, daß hier ein Opfer dargebracht worden ist, er verrät nicht, was die Menschen, die sich zu solchem Opfer entschlossen, dazu veranlaßte, wie sie den Gott oder die Götter nannten, denen sie das Kind opferten und damit diese versöhnen wollten. Und zum anderen: Welche menschliche Tragik verbirgt sich hier? Was hat sie im Schicksal der beteiligten Menschen bewirkt? Es würde uns heute schlecht anstehen, mit den Menschen von damals zu rechten. Sie waren in ihrem Glauben befangen, sie lebten in der Furcht und waren von Ängsten geplagt, von denen wir heute ja auch nicht verschont werden.

Als um die Mitte des 19. Jahrhunderts, bevor ein Teil des Jadegebiets preußisch wurde, in den Gemeinden Heppens und Neuende, zu der auch ein Rest des im 16. Jahrhundert untergegangenen Bant gehörte, kaum 1500 Personen lebten, standen auf den Wurten stattliche Bauernhöfe. Sie lagen verstreut in dem von Landwegen und Pfaden, früheren, jetzt zu Binnentiefs gewordenen Prielen, Gräben und alten Deichen durchzogenen Weideland.

Die Wurten waren im Laufe der Zeit vor der Erbauung der Deiche bis zu 5 m über NN (Normalnull, entsprechend etwa dem Tidemittelwasser, nach allgemeinem geographischem Begriff »über dem Meeresspiegel«) aufgehöht worden. Auf älteren Karten und in den topographischen Handbüchern sind von verschiedenen Hofplätzen noch die Namen verzeichnet: Wiemkerei, Lilienburg, Canzley, Catharinenfeld, Keelköpken. Andere trugen die Namen ihrer Eigentümer wie z. B. der Hof Gummels im Bereich des heutigen Wilhelmshavener Kurparks.

1853 und 54 erwarb der preußische Staat viele dieser Höfe und deren ausgedehnte Ländereien, um sie für den Bau von Hafen und Stadt zu verwenden. Im Jadevertrag vom 20. Juli 1853 hatte das Königreich Preußen für das von diesem benötigte Areal ja erst die Hoheitsrechte erworben. Es handelte sich vorwiegend um ein zum Kirchspiel Heppens gehörendes Gebiet. Das weite Land des Kirchspiels Neuende war noch nicht betroffen. Dadurch blieb die Stätte der einstigen Sibetsburg noch lange Zeit hindurch eine Landstelle in privater Hand. Nur die erste Straße, die als Zuwegung von Sande und Mariensiel zum preußischen Jadegebiet angelegt wurde, zunächst als »Mariensieler Chaussee« bezeichnet, später Bismarckstraße genannt, führte durch Neuende. Sie folgte einem der ersten Deiche, die in den ersten Jahrhunderten unseres nun zu Ende gehenden zweiten Jahrtausends gebaut worden sind. Ein Teilstück von ihm war die Ebkeriege, wobei Ebke ein friesischer Personenname ist und Riege soviel wie Deich bedeutet. Erst diese erste feste Straße machte es möglich, daß die Preußen mit den Bauarbeiten beginnen konnten. Die Landwege wären bei schlechtem Wetter, aber auch schon des Schlickbodens wegen für den Transport jeglichen Baumaterials nicht geeignet gewesen. Das mittelalterliche Landschaftsbild des Wilhelmshavener Raumes vervollständigt sich, wenn wir uns vergegenwärtigen, daß im 15. Jahrhundert das Gebiet der heutigen Innenstadt zwischen dem Jadebusen im Süden und der verlandenden Maadebucht nördlich der Bismarckstraße und der Kirchreihe eingeengt war.

Große Wandlungen hat das Jadegebiet im Laufe der Jahrhunderte durchmachen müssen. Viele Zeugnisse der Vergangenheit waren lange Zeit im Boden verborgen. Archäologen erforschen gemeinsam mit Geo- und Biowissenschaftlern die Wurten. Deiche, Wege und Wasserläufe wurden zu Objekten der Forschung. Unser Wissen um die Vergangenheit wurde bereichert, neue Erkenntnisse sind gewonnen worden. Wenn vor etwa 100 Jahren der Marschendichter Hermann Allmers, der in seinem Marschenbuch von der Marsch und ihren Bewohnern in einer Zeit Kunde gab, als man weithin wenig darüber wußte, noch in einem Gedicht reimte: »Nur Fischer oder Jäger waren der Marschen Volk vor grauen Jahren«, so haben wir dank der Forschung ein ganz anderes Bild vom Leben unserer Vorfahren gewonnen, die an der Küste der Nordsee nach eigenen Gesetzen ihr oft hartes Dasein zu bewältigen hatten.

Bauern, Handelsleute und Seeräuber in Schaar

An einem schönen Morgen im Jahre 1518 rumpelte über das holprige Pflaster der gräflichen Residenz Oldenburg in der Langestraße ein hochbepackter, planbedeckter Wagen, vorbei an der Kirche zum Heiligen Geist durch die Heilig-Geist-Pforte und über die Brücke des Stadtgrabens hinaus ins Land nordwärts durch das Ammerland.

Der Wagen gehörte dem Oldenburger Kaufmann Hungerhove. Der Weg, den er nahm, war ihm vorgeschrieben durch den Wohnsitz der Kunden, die der Kaufmann zu beliefern hatte, und bestimmt durch die wenigen Handelswege, die es damals gab. Kaufmann Hungerhove hatte nicht nur Kunden in der Grafschaft selbst. Diese hatte sich zwar einige Jahre vorher, nämlich im Jahre 1514 durch die Unterwerfung der Stad- und Butjadingerländer Bauern, bis an die Wesermündung ausgedehnt, aber das Jeverland, das erst 1575 durch Erbschaft zu Oldenburg kommen sollte, war noch Ausland, doch besaß hier der Oldenburger Kaufmann eine Reihe von Abnehmern seiner Waren.

Der Weg aus dem Ammerland ins Jeverland war nicht so einfach. Durch die Sturmfluten in den Jahren 1510 und 1511 hatte sich der Jadebusen nach Westen hin durch das Schwarze Brack noch stärker ausgedehnt. Auf dem Weg ins Jeverland mußte der Wagen eine weite Strecke durch ostfriesisches Gebiet fahren, und dieses war auch für die Oldenburger im gewissen Sinne feindliches Ausland. Das Jeverland befand sich in großer Bedrängnis. Graf Edzard I. von Ostfriesland hatte den jungen Herrinnen des Jeverlandes, Anna und Maria, einen Vertrag aufgenötigt, mit dem er das Jeverland an Ostfriesland binden wollte, und im Jeverland war der Häuptling Folf von In- und Kniphausen zum Vasallen des ostfriesischen Grafen geworden, was die Herrinnen von Jever als Untreue und Kränkung empfinden mußten. Immerhin konnte der Wagen des Oldenburger Kaufmanns unbehindert durch das ostfriesische Gebiet gelangen, da zu dieser Zeit der ostfriesische Graf nach dem Ende der »Sächsischen Fehde«, in der auch Oldenburg zu seinen Gegnern zählte, sich bemühte, sich mit dem Oldenburger Grafen zu verständigen.

Für Kaufmann Hungerhove lohnte sich der beschwerliche Weg ins Jeverland. Er hatte gute Kunden in Varel und in der Friesischen Wehde und auch nördlich des Schwarzen Bracks, vor allem in dem alten Hafen- und Handelsplatz Schaar an der Maade. Hier gehörte besonders Luder Kremer zu seinen Kunden, was wir aus den hinterlassenen Geschäftsbüchern des Oldenburger Kaufmanns wissen, in denen Luder Kremer »ub den scar tho Jever« ausdrücklich mit Namen genannt wird.

Wie sah es damals in Schaar und seiner Umgebung aus? Schaar gehörte zum Kirchspiel Neuende. Es darf sogar vermutet werden, daß es als große Dorfwurt das Kerngebiet des Kirchspiels gewesen war, dessen Kirchplatz unter der Bezeichnung Insmarhave (also etwa Kirche zu Insum) in alten Urkunden überliefert ist. Nun trug dieses Kirchspiel den Namen Neuende, für die Wurt am Wasserlauf der mit dem offenen Meer verbundenen Maade war im 15. Jahrhundert der Name Schaar aufgetreten, so bezeichnete man ein Gebiet, das ohne Vorland direkt am Wasser lag.

Wir wissen nicht, welche Bedeutung Schaar noch im Jahre 1518 als Hafen gehabt haben mag. Gut 100 Jahre vorher war die Maade noch »dat schoonste Deep« an der Küste gewesen. Die am Ende des 14. Jahrhunderts von der Ostsee in die Nordsee übergewechselten Seeräuber unter Klaus Störtebeker, Magister Wigbold, Wiechmann und Gödeke Michael, hatten, vor allem wohl mit dem Letztgenannten, in Schaar Unterschlupf gefunden. Holländer hatten von hier aus den Häuptling Edo Wiemken den Älteren zu Schiff nach Holland entführt, und 1433 waren hansische Koggen nach Schaar gekommen. Die Hamburger belagerten die Sibetsburg und zwangen deren Besatzung zur Übergabe. Seitdem war die Maade, die etwa mit einem Delta zu vergleichen ist, stark verlandet, während der Jadebusen entstanden war und sich ausweitete. 1509, 10 und 11 hatten Sturmfluten im Lande schweren Schaden angerichtet. Durch mancherlei Versäumnisse und die Uneinigkeit zwischen den Sandern, Seediekern, Bantern und Heppensern über den neuen Verlauf des zerstörten Banter Deiches lag 1518 das Land des Banter Kirchspiels immer noch offen, bis endlich 1520 in Rüstersiel die Maadebucht geschlossen wurde, wodurch Schaar aufhörte, weiterhin Hafenplatz zu sein. Erst 1528 wurde der Banter Deich gebaut.

Alle Unbilden jener Zeit konnten aber offenbar das gute Geschäft nicht verhindern, das der Oldenburger Kaufmann Hungerhove mit Luder Kremer in Schaar im Jahre 1518 abschloß. Luder Kremer kaufte Tuche und Leinwand für mehrere hundert Gulden. Es handelte sich um Tuche aus Leyden, Harderwyk, Köln, Amsterdam, Münster und Dortmund. Luder Kremer hatte allerdings soviel Geld nicht flüssig, hatte als guter Kunde bei Hungerhove aber genügend Kredit, daß dieser damit zufrieden war, als er zunächst 31 Gulden bar auf den Tisch legen und das übrige Geld schuldig bleiben konnte. So geschah es damals am »sonndag vor sunte margrethe«.

Luder Kremer war nicht der einzige Kunde Hungerhoves in Schaar. Zu seinen Käufern gehörte auch Gert Robeken, der ihm Harderwijker Tuch abkaufte, bevor der Oldenburger Kaufmann seine Fahrt fortsetzte und in Sillenstede an Hyllert Hellmers und Hynryck Hempen Kölner Tuche absetzen konnte. Als Kaufmann Hungerhove nach Oldenburg zurückkehrte, hatte er alles verkauft, aber auch Ware mitgebracht, die er unterwegs gekauft oder im Tauschhandel erworben hatte, nämlich Wolle, Flachs und Butter aus dem Jeverland und aus der Friesischen Wehde.

Nach 1520 war Schaar kein Gestade mehr am Meere, der Hafen wurde bedeutungslos, aber als Wohnplatz wohlhabender Marschenbauern und rühriger Kaufleute spielte er weiterhin noch eine nicht unbedeutende Rolle. Das führte auch dazu, daß der Oldenburger Graf Anton Günther im Jahre 1605 dem Ort die Abhaltung eines Pferdemarktes gestattete, der sich dann im Laufe der Jahrhunderte mehr und mehr zu einem Krammarkt entwickelt und sich bis zum heutigen Tage gehalten hat. Mit der Gemeinde Neuende wurde Schaar 1911 ein Teil der Stadt Rüstringen. Seit 1937 gehört es zu Wilhelmshaven, in das 1938 auch das nördlich gelegene Umland von Schaar mit einbezogen worden ist.

Heppens – die Keimzelle Wilhelmshavens

»Was warst Du, Heppens, noch vor wenig Jahren? Ein stilles Dorf, ein grünes Weideland«, begann im vorigen Jahrhundert der Oldenburger Franz Poppe sein Gedicht zum Lobe Wilhelmshavens als Port und Hort von Deutschlands »Wehr zur See«. Ein wenig weiter zurückschauend wäre der Korse Napoleon zu zitieren, dem, als er 1810 für seine Kontinentalsperre gegen England nach der Annexion Norddeutschlands die Anlage eines französischen Kriegshafens an der Jade plante, der Satz in den Mund gelegt worden ist, Heppens würde eine große Zukunft haben. Diese Prophezeiung traf auch ein, nur ein paar Jahrzehnte später und nicht unter der Tricolore, sondern unter Preußens Adler – eine Zukunft, die allerdings auch von manchen Leidensjahren beschattet worden ist.

Was jedoch den Wechsel von Freude und Leid betrifft, so ist Heppens davon auch in früheren Jahrhunderten nicht verschont geblieben. Es wurde nicht nur von schweren Sturmfluten heimgesucht und böse in die Zange genommen in seinem zeitweiligen Inseldasein zwischen Jadebusen, Jade und Maade, es hat auch sonst manche Unruhe in seiner Geschichte erlebt.

Im Jahre 1501 hat Onneke Hibrix tho Heppensen

bei seinem Landesherrn Edo Wiemken dem Jüngeren in Jever darüber Klage geführt, daß die von dem Kniphauser Häuptling aufgewiegelten Butjadinger Nachbarn auf der Jade Jeverländer Untertanen mit Gewalt und Diebereien belästigten und schädigten. 1592 war es der Heppenser Fährmann und Kröger Edo Almessen, dem Raubgesellen einen unliebsamen Besuch abstatteten. Eine »Freibeuterflottille« mit 145 Mann war unter den Kapitänen Tamme Liefert, Jacob Tomassen und Otto Lieflander die Jade hinaufgesegelt, nachdem sie Emder Schiffe auf dem Minser Watt beraubt hatten. Auf der Jade stieß ein »Seeräuber namens Keteler« zu ihnen. Mit sechs Mann gingen die Raubgesellen in Heppens an Land. Im Krug des Fährmanns zechten sie und stießen, wie Prof. Dr. Gustav Rüthning es vor 80 Jahren aufgrund der überlieferten Nachrichten geschildert hat, auf weitere beutereiche Fahrt an, was dann auch mit Erfolg in die Tat umgesetzt wurde. Der Fährmann konnte noch froh sein, daß er einigermaßen ungeschoren davonkam; ob sie die Zeche überhaupt bezahlt haben, ist ungewiß geblieben (und im Zweifelsfall sollen ja auch hartgesottene Räuber nicht beschuldigt werden). Der Kröger Edo Almessen bediente die Fähre zwischen Heppens und Butjadingen, wo man am Deich ein Strohfeuer abbrennen mußte, um dem Fährmann in Heppens anzuzeigen, man möchte herübergeholt werden.

Vom Fährmann in Heppens ist auch im Jahre 1717 die Rede. Es war Tönnies Umsen, der am Heppenser Deich mit seiner Familie am Weihnachtsabend des Jahres 1717 von der Sturmflut überrascht wurde. Die ganze Familie mit Sohn und Schwiegertochter flüchtete vor der Flut auf das Dach ihres Hauses und trieb hilflos auf dem Wasser ab, konnte sich dann aber nach bangen Stunden wie durch ein Wunder auf einem erhalten gebliebenen Deichstück vor dem drohenden Ertrinken retten. Wie an vielen Stellen der Küste fanden in jener Flut auch viele Heppenser den Tod in den Wellen. Mit 128 Personen ertrank mehr als der vierte Teil der Einwohner von Heppens.

Das Zerstörungswerk der Fluten hat wiederholt in der Geschichte von Heppens eine unheilvolle Rolle gespielt. Heppens ist erst seit Beginn des 16. Jahrhunderts ein eigenes Kirchspiel. Vorher gehörte es zum größeren Kirchspiel Dauens, dessen Kirche vor den heutigen Wilhelmshavener Hafeneinfahrten lag. Was die Sturmfluten des Mittelalters übrig ließen, bildete dann das Kirchspiel Heppens, und die auf der Heppenser Dorfwurt stehende Kapelle, die etwa aus dem 14. Jahrhundert stammt, wurde zur Kirche. An der Apsis der kleinen, bescheidenen Backsteinkirche zeigt eine Marke an, wie hoch 1717 das Wasser über der Wurtoberfläche gestanden hat. Heppens war eine verhältnismäßig kleine Gemeinde. Von den Kirchspielen des alten Rüstringer Viertels Bant war es im 19. Jahrhundert das an Ausdehnung und Einwohnerzahl kleinste. Es wohnten hier, bevor die Preußen 1854 in die stille Abgeschiedenheit der Landschaft einbrachen, nur wenig über 300 Personen, davon 130 auf der Dorfwurt, dem Loog. Ringsum im Lande lagen auf den verstreuten Wurten die Höfe der Bauern, der Harken, Irps, Gerdes, Fleßner, Gerhard, Eden und Gummels. Im Loog hatten sich neben den Bauern und Häuslingen Handwerker, Gastwirte und Kaufleute niedergelassen. Ein Irrtum, zu glauben, Heppens wäre etwa ein Fischerdorf gewesen und die Bewohner hätten bescheiden gelebt. Was ist überhaupt bescheiden? Für heutige Begriffe mag das Leben früher allgemein bescheiden gewesen sein. Die Wirklichkeit sah aber anders aus. Wie überall in der Marsch, herrschte auch in Heppens eine gewisse Wohlhabenheit, wenn man auch »bescheiden« genug war, mit dem auszukommen, was man hatte, und keinen großen Aufwand trieb, wozu auch kaum Gelegenheit gegeben wurde. Das Leben vollzog sich im Rahmen der täglichen Pflichten. Hin und wieder gab es einige Aufregung, z. B., wenn die Fluten den Deich bedrohten, wie bei der St. Petriflut im Februar 1651, einige Jahre nach dem Dreißigjährigen Krieg, von dem man direkt nur berührt worden war, als 1623 die Mansfelder von Ostfriesland aus ins Jeverland eingedrungen waren, um vom jeverschen Landesaufgebot schnellstens wieder hinausgeworfen zu werden. Neben der Flut im Jahre 1651 gab es im gleichen Jahre, nur wengie Wochen später, eine andere Begebenheit in Heppens, die die Bewohner etliche Wochen bewegte. Der Heppenser Kröger Peeke Onnen hatte einen Mord begangen. Der Oldenburger Chronist Winkelmann erzählt davon in seiner Oldenburgischen Chronik. Ein Mann aus Dorsten, Werner Masoll mit Namen, hatte sich nach dem Kriege, an dem er als Leutnant teilgenommen hatte, wegen seiner Pferdekenntnisse eine neue Existenz durch den Pferdehandel geschaffen. Zum Ankauf von Pferden war Masoll mit 300 Talern in der Tasche ins Jeverland gekommen und damit auch nach Heppens. Hier fand er bei Peeke Onnen ein Quartier. In Peeke Onnen erwachte die Geldgier. Eines Abends, als man zusammen am Feuer saß, erschlug Peeke Onnen seinen Gast mit einer Axt, während seine Frau an der Haustür darüber wachte, daß niemand ins Haus kam, bevor Peeke Onnen den Toten in seinem Haus vergraben hatte.

Damit schien denn alles »gutgegangen« zu sein. Nach einer Reihe von Wochen waren jedoch Freunde des Ermordeten wegen seines zu langen Ausbleibens unruhig geworden. Ihre Nachforschungen im Jeverland führten sie auch nach Heppens. Ihre eifrige Suche machte Peeke Onnen nervös, er floh nach Emden und wurde dadurch erst recht verdächtig. Oldenburgs Graf Anton Günther wurde eingeschaltet. Dieser schickte einen Beamten, einen Fisci Advocatum, nach Emden und beauftragte ihn mit der Untersuchung des Falles. Peeke Onnen wurde in Emden festgenommen und dort vor der Stadt lebendig gerädert. Die Frau des Mörders gestand nach anfänglichem Leugnen. Sie entging aber der Todesstrafe, weil sie auch nach der Folter, oder, wie es heißt, auch »in der Pein« darauf beharrte, sie sei von ihrem gewalttätigen Mann unter Androhung des Todes zum Schweigen gezwungen worden.

Zu dieser Zeit war Joachim Stroppius Pastor in Heppens. Man weiß von ihm nicht mehr als seinen Namen. Es gibt aber eine ziemlich lückenlose Liste der Geistlichen, die in Heppens seit dem 16. Jahrhundert amtiert haben. Der älteste von ihnen ist Pastor Meinhardus Focken. Er predigte noch in friesischer Sprache und war nebenher auch ein guter Landmesser. Offenbar war er auch der erste protestantische Pfarrer in Heppens. Sein lutherisches Bekenntnis übergab er in deutscher Sprache.

Von verschiedenen Geistlichen ist mehr bekannt als nur die Geburts- und Sterbejahre. So wissen wir von Johann Schellhammer (der nur drei Jahre, von 1642 bis 45 Pastor in Heppens war), daß dieser das Kirchenbuch anlegte und auch Bücher herausgab. Etwas später amtierte in Heppens Peter Ulrich Seetzen, der seine Predigten und sonstigen geistlichen Abhandlungen drucken ließ. Pastor Dr. phil. Adolf Theodor Holtermann (nach dem in Heppens die Holtermannstraße benannt worden ist) war von 1883 bis 1900 in Heppens und übersetzte Werke von Carlyle und Emerson.

Einer der bekanntesten Geistlichen ist Pastor Erich Langheld, der 1864 in Heppens für sein Seelsorgeramt gewählt wurde und dann 1872 in Wilhelmshaven der erste Marinepfarrer an der evgl. Garnisonkirche wurde, ein volkstümlicher Geistlicher, der sich um die Schulen in Wilhelmshaven bemühte und der als erster Vorträge über die heimatliche Geschichte gehalten hat. Er war vielseitig interessiert und gründete auch die Wilhelmshavener Freimaurerloge.

In Heppens gab es schon früh eine gute Dorfschule. Im 16. Jahrhundert war der Küster Claviges auch Schulmeister. Bei der Kirchenvisitation im Jahre 1619 übte er diese Tätigkeit bereits 34 Jahre aus. Das kirchliche Leben scheint in jener Zeit in Heppens sehr rege gewesen zu sein. Es kamen damals »zu ungewöhnlicher Zeit« Brautleute aus Butjadingen über die Jade nach Heppens, um sich hier trauen zu lassen. Das gefiel den Visitatoren nun weniger. Es gefiel ihnen auch nicht, daß viele Leute sonntags morgens im Krug saßen statt in der Kirche, es sei die Aufgabe des Pfarrers, sie aus dem Krug herauszuholen. Weiter mißfiel bei der Visitation, daß der Küster, der anscheinend auch Theologe war, nebenher auch noch Taufen durchführte und Predigten hielt. Er solle sich statt dessen mehr um die Schule kümmern.

Diese uns heute erheiternden Zustände zeigen, daß die Heppenser selbst mit ihren Pastoren zufrieden sein konnten. Damals war Heppens mit dem Jeverland nach dem Tode Marias von Jever 1575 an die Grafschaft Oldenburg gekommen und diese hatte nun ihre 1574 eingeführte Kirchenordnung zur generellen Einführung der lutherischen Lehre und damit zur »reinen Lere Göttlichen Wortes« auch für das Jeverland in Kraft gesetzt. Auch die jeverländischen Pastoren mußten sich schriftlich verpflichten, nach ihr zu handeln. So auch der Heppenser Pastor Richardus Standenius, dem bald hernach Ricklef Lübben und dann für etwa 40 Jahre Johann Major gefolgt war, jener, von dem im Visitationsprotokoll von 1619 die Rede ist und in dessen Amtszeit auch die Anfertigung der Heppenser Kanzel in der Werkstatt des manieristischen Bildschnitzers Ludwig Münstermann (1632) fällt, eines Kunstwerks, das heute noch der Kirche zur besonderen Zierde gereicht.

Eine Unterbrechung im ruhigen Ablauf der Tage brachte die Besetzung von Heppens durch französische Soldaten unter Napoleon, die auf dem Dauensfeld hinter dem Heppenser Deich eine Schanze und eine Batterie errichteten. Mit dem Jahre 1813 ging dieses Intermezzo vorüber. Was sich weiter in der Welt ereignete, erfuhr man aus den Jeverschen Nachrichten. Die Vorgänge in dem benachbarten Kniphausen mit den Auseinandersetzungen unter den Bentincks dürften die Heppenser aus einiger Entfernung wohl mehr als Komödie betrachtet haben, ernster schon nahmen sie 1848 das Erscheinen einer Marinekommission aus Frankfurt, die die Jadeecke für die eventuelle Verwendung als Stützpunkt von Admiral Brommys »deutscher Flotte« in Augenschein nahmen, ohne indessen zu einem Ergebnis zu kommen. Aber nur wenige Jahre später erschien in Heppens ein Mann aus Oldenburg, der es verstand, mit Landleuten umzugehen. Er hatte viel Geld und fand auch treffende Worte, um den Bauern den Verkauf ihrer Besitzungen schmackhaft zu machen. Einigermaßen plausible Gründe hatte er auch, nur verschwieg er die wahren Gründe. So erwähnte er mit keinem Worte, daß Preußen die Grundstücke brauche für die Anlage eines »Marine-Etablissements«. Man munkelte zwar so etwas, aber ein »Ondit« ist noch nicht unbedingt eine Wahrheit – erst im Januar 1854 erfuhr man, daß an den Gerüchten doch etwas, sogar sehr viel Wahrheit war. Nun aber war daran auch nichts mehr zu ändern, und selbst der König von Hannover mußte der Tatsache grollend ins Gesicht sehen. Die Bauern hatten aber an ihrem Kaufhandel gut verdient.

Und dann wurde es recht schnell lebhaft in Heppens. Die Preußen kamen, gruben und bauten und verwandelten die Landschaft. Mit der Ruhe war es vorbei. Aus dem Dorf Heppens wurde eine Stadt. Durch die Inbesitznahme eines Teiles von Heppens wurde das Kirchspiel kleiner an Ausdehnung, aber größer an Einwohnerzahl. Aus wenigen hundert Einwohnern wurden im Laufe der Jahre mehr als 20000, aus der Landgemeinde 1907 eine Stadt. Sie wurde 1911 ein Teil der neuen Stadt Rüstringen, 1937 ein Stadtteil von Wilhelmshaven, aus dem 1938 dann eine Großstadt wurde.

Was vom alten Heppens blieb, war die über 500 Jahre alte Kirche auf der Dorfwurt, im alten Loog. Den Namen der alten Wurtensiedlung und des späteren Kirchspiels haben bis heute noch die Kirchengemeinde Heppens und die Schule Heppens bewahrt. Der Name reicht zurück ins frühe Mittelalter und ist vermutlich aus dem ursprünglichen Siedlungsnamen Heppingen entstanden, aus dem Heppensen und Heppens wurde. Aber nicht irgendeine vor Jahren einmal erwähnte imaginäre Redensart, nämlich der angebliche Ruf »heppe«, hat bei den Ortsnamen Pate gestanden, sondern ganz einfach der Name einer Sippe, die auf der Wurt seßhaft wurde und Heppe oder Heppo geheißen haben mag. Grabungen und Bodenuntersuchungen haben, soweit sie auf der eng bebauten Wurt bisher möglich waren, noch keine volle Klarheit ergeben, wie weit die Besiedlung an dieser Stätte zurückreicht, ob etwa so weit zurück wie bei der nahen Observatoriumswurt, die aber vermutlich als Siedlungsplatz eine Vorgängerin der Heppenser Dorfwurt ist. Die bisherigen Funde reichen ins 12./13. Jahrhundert zurück. Nur eine Kirche war damals noch nicht vorhanden, sie ist, zunächst als Kapelle, etwas später erbaut worden. Der romanische Taufstein stammt möglicherweise aus der untergegangenen Kirche zu Dauens. Als 1965 Untersuchungen in der Kirche vorgenommen wurden, konnten unter der Kirche nur ältere Siedlungsspuren gefunden werden. Festgestellt wurde dabei aber auch, daß die Mauern der Kirche bzw. Kapelle nicht tief fundiert worden sind, sondern auf die Wurtoberfläche aufgesetzt waren. Alte Bilder der Kirche weisen aus, daß neben ihr früher ein niedriger Glockenturm stand. Ein im vorigen Jahrhundert der Kirche angebauter hoch aufragender Turm zeigte recht bald bedenkliche Neigung und paßte ohnehin »wie die Faust aufs Auge«. Er wurde auf ein erträgliches Maß zurückgeführt, was übrigblieb, ist heute harmonisch mit dem alten Bauwerk verbunden und gibt ihm Würde, ohne den alten dörflichen Charakter des Gotteshauses zu zerstören. »Was ist aus Heppens nun geworden!« So würde Franz Poppe, lebte er noch, vielleicht ein neues Gedicht auf Wilhelmshaven beginnen. Vielleicht würden seine Worte heute nun weniger enthusiastisch sein als damals nach all den wechselvollen Jahren, die Wilhelmshaven hat durchmachen müssen, aber doch begeistert feststellen, daß aus dem Inferno eines mörderischen Krieges an der Jade und nicht zuletzt in bezug auf Heppens aus Trümmern Neues erstanden ist, entsprechend dem Sinn alles menschlichen Tuns, Zerstörtes immer von neuem aufzubauen und nach Goethes Worten »mutig die Zügel zu fassen«, einer neuen Zukunft entgegen.

Die Observatoriumswurt – Wilhelmshavens ältester Siedlungsplatz

Seit zum ersten Mal im Wilhelmshavener Stadtgebiet bei Bauarbeiten Funde gemacht wurden, die Kunde gaben von vergangenen Zeiten, hat sich bei Bohrungen und Grabungen und bei der Ausschachtung von Baugruben zum wiederholten Male gezeigt, welche Geheimnisse unter der Oberfläche verborgen sind.

Als kurz nach dem deutsch-französischen Kriege von 1870/71 im Marine-Ministerium und Admiralstab in Berlin die ersten Pläne auftauchten, in Wilhelmshaven ein Marine-Observatorium zu errichten für die Durchführung von astronomischen und meteorologischen Beobachtungen und einer Reihe von Untersuchungen, die für die Marine wichtig waren, wählte man dafür eine der höchsten Erhebungen im Jadegebiet, womit gesagt ist, eine der vielen vorhandenen Wurten, von denen die unweit der (dicht bebauten) Heppenser Dorfwurt die 4,10 m über NN gelegene Wurt sich am geeignetsten erwies. 1874 wurde mit den Ausschachtungen für den Bau des Observatoriums begonnen, 4 Jahre später wurde es in Betrieb genommen. Bis in den Zweiten Weltkrieg blieb es in Funktion. Dann wurde es durch Bomben zerstört. Nur ein kleiner Rest blieb stehen und diente nach dem Kriege zu Wohnzwecken. Jetzt ist er einer neuen Verwendung zugeführt worden. Am 1. Januar 1983 ist die neu geschaffene Bundesbehörde zur Sicherung der Altersversorgung für die Schaffenden an Theater, in Kunst und Literatur, die sog. Künstler-Sozialkasse, hier eingezogen.

Daß die seit 1871 Kaiserliche Marine hier auf einem für die Geschichte der Landschaft bedeutungsvollen Platz ein solch wichtiges Bauwerk errichtete, blieb beim Bau noch weitgehend verborgen und kam erst später bei Ergänzungsbauten zutage. In dieser Wurt befand sich der bisher festgestellte älteste Siedlungsplatz im Jadegebiet, der in die ersten Jahrhunderte unserer Zeitrechnung zurückreicht. Das ergab sich nämlich im Jahre 1929, als der Geologe Dr. h. c. Heinrich Schütte die Baugrube für ein tief zu fundierendes Instrument des Observatoriums beaufsichtigte. Aus verschiedenen Funden, die Dr. Schütte auf der Basis der Wurt in der Tiefe von etwa 1 m unter NN machte, konnte er vor allem an den gefundenen Scherben von Terra-nigra-Keramik der römischen Kaiserzeit um etwa 200–300 n. Chr. Geburt den Zeitpunkt der Besiedlung datieren. Untersuchungen der Wurt durch Dr. Werner Haarnagel im Jahre 1939 ergänzten diese Feststellungen Dr. Schüttes, daß etwa zu Beginn unserer Zeitrechnung die erste Besiedlung auf einer über dem Moor vom Meere abgelagerten Kleischicht zu ebener Erde erfolgte. In den folgenden Jahrhunderten wurde mit dem ständigen Fortschreiten des Meeresspiegelanstiegs der Siedlungsplatz bis zur Höhe von über 4 m über NN aufgehöht.

So gaben denn die Untersuchungen auch wertvolle Aufschlüsse über den Anstieg des Meeres im Zeitraum des ersten Jahrtausends unserer Zeitrechnung, was von Dr. Schütte in Perioden von Küstensenkungen und Stillstand bzw. Hebung, von der späteren Küstenforschung mit den Begriffen der Transgression (Anstieg des Meeresspiegels) und Regression gedeutet worden ist. Das für das künftige Schicksal unseres Küstenlandes bedeutsame Problem, dessen Untersuchung in den Händen des Niedersächsischen Landesinstituts für Marschen- und Wurtenforschung in Wilhelmshaven liegt, ist in zahlreichen wissenschaftlichen Veröffentlichungen eingehend behandelt worden. Die Untersuchungen auf der Observatoriumswurt haben dafür eine wichtige Grundlage abgegeben.

Die Observatoriumswurt war vor dem Bau des Observatoriums mit einigen kleinen Häuslings- oder Fischerhäusern bebaut, früher aber mit drei benachbarten kleineren Wurten ein wichtiger Siedlungsplatz im Kirchspiel Dauens, der, wahrscheinlich kurz nach der Jahrtausendwende, beim Bau der ersten Deiche in den Winkel eines Ringdeiches eingeschlossen wurde. Dieser schützte das Land um die Dorfwurt Heppens herum gegen die Fluten.

Das Observatorium wurde über seine örtlichen Untersuchungen hinaus ein Forschungsinstitut, das auch internationale Bedeutung erlangt hat. Namhafte Gelehrte und Forscher haben von 1878 bis zum zweiten Weltkrieg hier gearbeitet. Der Polarforscher Raould Amundsen ist vor seinen Unternehmungen ins Polargebiet hier in die Fragen des Erdmagnetismus eingeweiht worden. Die erdmagnetischen Instrumente der Anlage führten Forscher und Studenten hierher. Der deutsche Gelehrte von Rebeur-Paschwitz konnte auf dem Wilhelmshavener Observatorium in den 80er Jahren zum ersten Male nachweisen, daß auch die feste Erde, wenn auch in geringerem Maße als die Meere, unter den Einfluß der Anziehungskraft von Mond und Sonne periodisch Schwankungen vollführt, wie sie der Erscheinung von Ebbe und Flut entsprechen.

Noch ein dritter Name muß in Verbindung mit dem Wilhelmshavener Observatorium genannt werden, einer der wichtigsten sogar: Professor Dr. Carl Nicolay Jensen Börgen. Er war bis 1909 Vorstand des Observatoriums und dazu schon 1874 ernannt worden, als es noch gar nicht gebaut war und Börgen noch die auf der Korvette »Gazelle« unter Kapt. z. S.

von Schleinitz nach den Kerguelen entsandte deutsche Venus-Durchgangs-Expedition leitete.

Wissenschaftliche Forschung füllte alle die 34 Jahre aus, in denen Börgen dem Observatorium im Sinne seiner Berufung vorstand. Schon als Assistent der Sternwarte in Göttingen nahm er 1869 nach seiner Promovierung, wie Walter Horn in der »Deutschen Biographie« ausführt, unter Kapitän K. Koldewey mit dem Forschungsschiff »Germania« an der zweiten deutschen Nordpolar-Expedition teil, durch die ein Kap der ostgrönländischen Insel Shannon seinen Namen (Kap Börgen) erhielt.

Das Wilhelmshavener Observatorium baute Börgen durch die Schaffung des hydrographischen Dienstes, des erdmagnetischen Beobachtungsdienstes sowie des Zeitdienstes und des Gezeitendienstes aus. Die seit 1879 geführten Gezeitentafeln erhielten große Bedeutung für die Gezeitenforschung. Wie sehr Börgen als Wissenschaftler geschätzt wurde, beweist die Tatsache, daß er in den Jahren 1882 und 83 der deutschen Polarkommission für das 1. Internationale Polarjahr angehörte und in gleicher Eigenschaft in den Jahren 1901–03 der »Gauß-Expediton«. Eine große Bedeutung erlangte Börgen auch durch die Bearbeitung der astronomischen, geodätischen, magnetischen und Gezeiten-Beobachtungen der verschiedenen Expeditionen, an denen er beteiligt war.

Der Wissenschaftler, der 1843 als Sohn einer Färberfamilie in Schleswig geboren wurde, verlor schon sehr früh seine Eltern. Er konnte mit 19 Jahren sein Studium in Kopenhagen beginnen, das ihn dann zum Schluß nach Göttingen führte. Nach der Nordpolar-Expedition wurde er Observator an der Leipziger Sternwarte, von dort führte ihn sein Weg dann nach Wilhelmshaven. Sein wissenschaftlicher Ruf bewirkte seine Aufnahme in die »Leopoldina« und

1900 erhielt er als erster die Georg-Neumayer-Medaille. 1909 wurde er auf dem alten Wilhelmshavener Marinefriedhof an der Gökerstraße zur letzten Ruhe bestattet. Leider ist sein Grabstein bei der Umwandlung des Friedhofes in eine Parkanlage nicht erhalten geblieben, doch lebt sein Name im »Börgenweg« im Stadtteil Heppens fort.

Mit zwei Türmen des Hauptgebäudes war das Marine-Observatorium auf der hohen Wurt ein markanter Punkt in der Küstenlandschaft. Die Türme ermöglichten eine weite Sicht über die Jade hinaus. Bei Führungen durch das Observatorium hat mancher Wilhelmshavener durch die Fernrohre den Sternenhimmel beobachten können. Es erfüllte schon mit einem gewissen lokalen Stolz, daß Wilhelmshaven über solch ein Institut verfügte, das Dinge enträtselte, die uns »gewöhnlichen Sterblichen« verborgen waren.

Auch ein kleiner Film ist 1936 auf der Wurt von Amateuren gedreht worden. Er zeigt Heimatforscher bei einer Bohrung unter Teilnahme von Dr. h. c. Heinrich Schütte und Hafenbaudirektor Dr. h. c. Wilhelm Krüger, zwei Männern, die mit der Küstenforschung untrennbar verbunden sind. Der Film existiert noch und wird in der Wilhelmshavener Stadtbildstelle aufbewahrt.

Kopperhörn und seine Mühle

Kopperhörn ist eine jener Ortsbezeichnungen in Wilhelmshaven, an deren Namen viel herumgerätselt worden ist und noch wird. Was wir von dieser Stelle, die einstmals zur Gemeinde Neuende gehörte und hart an der Grenze von Heppens lag, heute noch durch ihre Mühle ein markanter Punkt im Stadtbild, genau wissen, ist die Tatsache, daß Kopperhörn zu Beginn unseres Jahrtausends, etwa um 1100, ein erhöhter Platz, offenbar eine bewohnte Wurt war. Sie wurde vermutlich zwischen 1100 und 1200 in den Deich einbezogen, der damals südlich der noch sehr breiten Maadebucht errichtet worden ist. Der Deich war die Kopperhörner Reihe, später die Mühlenreihe, und inzwischen ist er zur Straße geworden mit der Bezeichnung Mühlenweg.

Die Vermutung, daß hier mit dem Deich eine Sielanlage gebaut wurde, weil die Heete an dieser Stelle in die Maade einmündete und im Maadetrichter, den wir uns als ein Delta vorstellen müssen, als Außentief weiterführte, ist die Ursache für die merkwürdigsten Deutungen des Namens Kopperhörn.

Wie kann diese Bezeichnung überhaupt entstanden sein? Die Silbe Hörn wird im Plattdeutschen Wörterbuch von Hermann Böning für das Jeverland mit Winkel und Ecke gedeutet. Im vorliegenden Fall könnte das (möglicherweise) bedeuten, daß hier ein Winkel gebildet wurde, denn in der nächsten Nähe stieß der Maadedeich an den vermutlich schon vorher errichteten Ringdeich. Dieser wurde zum Schutze der Heppenser Ländereien, dem Thun, angelegt. Dieser Name übertrug sich später als Tonndeich auch auf einen Heppenser Ortsteil. Alles sind allerdings zunächst völlig unbewiesene, wenn auch verständliche Vermutungen.

Denn: Wie bei Tonndeich eine Verwendung von Tonnen für den Bau oder eine etwaige Reparatur des Deiches weder nachweisbar noch denkbar wäre, so war bei dem Namen Kopperhörn nur die Silbe Hörn, wenn auch nur einigermaßen, erklärlich. Die Fantasie hat aus der Annahme, daß hier so etwas wie ein Siel gelegen haben muß, eine Sielanlage gemacht, deren hölzerne Tore mit Kupfer beschlagen gewesen sein sollten. Wenn aber schon ein Siel hier gewesen ist, dann ist es allenfalls in jener Anfangszeit des Deichbaus ein ganz einfacher, wenn nicht zu sagen primitiver Durchlaß gewesen, der mit einer kleinen Holzklappe geschlossen und geöffnet werden konnte.

Also kein Gedanke von einem »kupfernen Siel«. Hans Friedrichsen vom Schortenser Heimatverein hat diese Frage kürzlich mit Scharfsinn untersucht. Er meint, daß die Silbe *kopper* sich auf eine Anhöhe, eine Wurt, bezieht. Ob das eine endgültige und schlüssige Deutung ist, mag die Zukunft ergeben, über die ganze Sache mag noch länger diskutiert werden, wissen wir doch nicht einmal, wie im Laufe der Zeit die beiden Silben *kopper* und *hörn* zueinandergekommen sind. Sollte es nicht denkbar sein, daß *kopper* noch etwas ganz anderes bedeutet als Anhöhe, als Ableitung von *kappe* oder *koppe;* sollte der Vergleich etwa mit dem schlesischen Schneekoppe nicht allzu gewagt erscheinen? Kopper könnte ebenso eine Verballhornung von *kaper* sein, einmal als Bezeichnung für einen Seeräuber, zum andern als Personenname? So viele Fragen, um so weniger Antworten, die als endgültig anzusehen wären. Wie oft ist man erst auf großen Umwegen zu einer einleuchtenden Deutung von alten Namen gekommen!

Durch das Wilhelmshavener Stadtgebiet ziehen sich viele alte Deiche. Von ihnen ist die Kopperhörner, spätere Mühlenreihe nicht lange ein Seedeich gewesen. Ein mittelalterlicher neuer Deich im Zuge der Kirchreihe wurde angelegt und die Kopperhörner Reihe ein Landweg, wie er noch auf dem Bilde von Julius Preller zu erkennen ist.

Wie es hier um 1850 aussah, das hat der damals als Fabrikdirektor in Varel lebende Maler Julius Preller auf einem seiner in der Jadeecke gemalten Bilder festgehalten, dem Bild vom »alten Rüstringen« mit der Kopperhörner Mühle und dem dazugehörigen friesischen Bauernhof und den im Lande verstreut liegenden Bauernstellen und Dorfwurten. Sichtbar auf diesem Bild ist auch die Heete, die in der Gegend von Kopperhörn in nördlicher Richtung weiterfloß.

Was war Kopperhörn zu jener Zeit, bevor 1854 die Preußen von einem Teil des Jadegebiets Besitz nahmen? In der statistischen Beschreibung des Oldenburger Landes von Ludwig Kohli in der Auflage von 1844 ist Kopperhörn im Kirchspiel Neuende als zum »ersten Banter Distrikt« gehörig mit 5 Feuerstellen und 27 Einwohnern verzeichnet, wozu dann noch die Kopperhörner Reihe mit 8 Feuerstellen und 43 Einwohnern kommt. Im oldenburgischen Ortschaftsverzeichnis von 1880 ist Kopperhörn eine Bauernschaft mit 53 Wohnhäusern, 124 Haushaltungen und 532 Bewohnern, und aus der Kopperhörner Reihe ist nun die Mühlenreihe geworden.

Zwischen 1844 und 1880 waren inzwischen große Veränderungen vor sich gegangen. In den 50er Jahren hatten die Preußen die »Mariensieler Chaussee« von Sande aus ins Jadegebiet gebaut, die heutige Bismarckstraße. Auf ihr rollte der gesamte Verkehr. Auch die Postkutsche verkehrte hier und hatte in Kopperhörn eine Haltestation. Eine Reihe von Familien, die an der Jade Arbeit und Brot gefunden hatten, waren in Kopperhörn seßhaft geworden. Zu der einen vorhandenen Gaststätte kamen mehrere, die als Tanzlokale nicht zuletzt von den Soldaten der Wilhelmshavener Garnison stark besucht wurden. Aus dem auf dem Bilde von Julius Preller sichtbaren Bauernhof neben der Mühle war auch eine Gaststätte geworden, die der Bahnhofswirt Meents hier eingerichtet hatte: der Mühlenhof, später als »Deckers

Mühlenhof« sehr bekannt. Schräg gegenüber wohnte auf einer Anhöhe der Schuhmacher Ricklefs, der das Amt eines Armenvaters ausübte und dessen kleines altes Haus von hohen Bäumen beschattet wurde. Heute steht hier ein modernes Hotel.

Was durch eine lange Zeit bis heute unverändert geblieben ist, das ist die Kopperhörner Mühle, ein sogenannter Galerieholländer. Er steht unter Denkmalsschutz und gehört der Stadt, die die Betreuung in die Hände des Heimatvereins »Die Boje« gegeben hat, nachdem wieder ein Mahlwerk in die Mühle eingebaut wurde, das eine Zeit hindurch fehlte.

Die Mühlenstätte hat ihre Geschichte. Von der jetzigen holländischen Windmühle wissen wir, daß sie im Jahre 1839 erbaut wurde. Vorher hat hier aber schon eine andere Mühle gestanden, eine deutsche Bockmühle, bei der nicht, wie bei der holländischen Mühle, nur der Mühlenkopf gedreht wird, sondern die ganze Mühle auf einem Bock ruht, der es ermöglicht, die Mühle in die Windrichtung zu drehen. Eine gleiche Mühle stand auch bis vor noch nicht langer Zeit in Schaar. Sie wurde wegen Baufälligkeit abgebrochen und deren Holz von Orgelbaumeister Alfred Führer für den Orgelbau verwendet.

Wann die erste Kopperhörner Mühle gebaut wurde, ist unbekannt. Es kann angenommen werden, daß das etwa zur gleichen Zeit erfolgte wie in Schaar, etwa um 1535 durch die letzte Herrin des Jeverlandes Maria von Jever auf Kosten der Landesherrschaft. Zur Kopperhörner Mühle gehörten Bant und Heppens als Mühlenbann. Das bedeutet, daß die Bewohner des Kirchspiels Heppens und des Restes des alten Kirchspiels Bant verpflichtet waren, ihr Korn in Kopperhörn mahlen zu lassen.

Anfangs war die Mühle verpachtet, aber 1790 kaufte Popke Janßen sie. Sein Sohn Hermann Janßen hatte in Heppens eine Reihe von Ehrenämtern inne und richtete in Kopperhörn eine Hengststation ein. Von seinen Erben erwarb der Sohn aus erster Ehe, der auch wieder Popke Janßen hieß, die Mühlenstätte im Jahre 1839, im gleichen Jahre also, als an die Stelle der Bockmühle die jetzige Mühle trat. Dann gab es einen gründlichen Besitzwechsel, als Popke Janßen dem guten Zureden des oldenburgischen Obergerichtsanwalts Rüder erlag und sein Besitztum für gute Taler an die Preußen verkaufte. Einige Zeit wurde die Besitzung von Domänenpächter Meinardus verwaltet, aber 1876 verkaufte der Fiskus die Mühle an den Wilhelmshavener Bahnhofswirt Meents. Was Meents damals erwarb, war nicht die ganze Besitzung, die Popke Janßen an den Fiskus verkauft hatte. Zu dieser gehörte außer der Mühle noch eine Reihe von Grundstücken, die für die Bauten des Marinefiskus wertvoll waren. Sie lagen weit verstreut auf Heppenser und teilweise auf Neuender Gebiet. Es gehörte viel Weideland dazu, z. B. die Heikesche Kuhweide, auf der später der Bismarckplatz entstand, ein Teil des späteren Werftgeländes, außerdem einige Häuslingsstellen. Was der Bahnhofswirt Meents erwarb, waren die Mühle mit den Gebäuden sowie zwei Gärten und zwei Pferdeweiden. Die von Meents eingerichtete und später ausgebaute Gaststätte wurde als »Deckers Mühlenhof« ein Opfer des Bombenkrieges. Mühle und Nebengebäude beherbergten noch längere Zeit einen Mehl- und Futtermittel-Groß- und Kleinhandel. Der Mühlenbetrieb selbst lohnte sich nicht, doch blieb die Mühle als Baudenkmal in allen Zeitläuften, wenn hin und wieder auch von Sturm und Wettern angeschlagen, erhalten.

Aus dem Mühlenweg, 1853 noch ein Landweg, wurde eine Verkehrsstraße; sie war auch die erste

Straße, die nach dem Kriege, der auch den Straßen in Wilhelmshaven so viele Schäden zufügte, unter Verwendung der bei der Demontage der Wilhelmshavener Werftanlagen durch die Siegermächte von der Stadt sichergestellten Pflastersteine wieder instandgesetzt werden konnte. Die Straße ist heute eine wichtige Zuwegung zum Ölhafen.

Wilhelmshavener Kurpark – einst sumpfiges Weideland

Am 11. Oktober 1870 schrieb das Marine-Ministerium in Berlin ex officio (von Amts wegen also) an die Hafenbau-Commission für das Jadegebiet in Wilhelmshaven, es erwarte, daß die Hafenbau-Commission das Admiralitäts-Commissariat in Oldenburg in der gegenwärtigen Herbstzeit bei den vorzunehmenden Pflanzungsarbeiten für den Wilhelmshavener Park sowie namentlich in der Adalbertstraße lebhaft unterstützen und ihm, das »mit desfallsiger Ausführung betraut ist«, möglichst zur Hand gehe. Dazu ist zu bemerken, daß mit den Anpflanzungen im Park die Schaffung der Baumallee gemeint war, denn das Ministerium fügt der Anweisung noch ausdrücklich hinzu, es bedürfe keiner weiteren Begründung, daß für die Alleepflanzung möglichst viel Humusboden herbeizuschaffen sein werde.

Es ist dies nicht das einzige der in der Akte RM 1/v.1325 (Park in Wilhelmshaven) des Bundesarchivs – Militärarchiv – in Freiburg enthaltenen Dokumente, die den heutigen Wilhelmshavener Kurpark betreffen und in denen nachzulesen ist, welcher Anstrengungen es bedurfte, in dem stark vernäßten niedrig gelegenen Marschenland mit der Niederung des sog. »Banter Nebentiefs« (auch Heete genannt) und des Heppenser Zuggrabens Baumanpflanzungen durchzuführen. Es lagen wohl einige Wurten darin und auf einer stand im Schutz vom Bäumen der 1854 zur preußischen Domäne gewordene Bauernhof Gummels, aber über die ganze Fläche des Jadegebiets wehten Wind und Stürme und prasselte mehr als erwünscht der Regen hernieder. Doch der vom preußischen König genehmigte Plan von Hafen, Werft und Stadt an der Jade hatte es bestimmt, daß hier, hart an der durch den Jadevertrag von 1853 geschaffenen preußisch-oldenburgischen Grenze für die künftige Garnison und die Bewohner der künftigen Stadt ein Park anzulegen sei, als »eines der wohltätigsten Geschenke, welches die Huld des Königs Höchst Ihren Unterthanen in Wilhelmshaven zu gewähren geruht haben«, wie auf den ersten Seiten der erwähnten Akte in einer längeren Darstellung gesagt wird, die das Admiralitäts-Commissariat in Oldenburg dem Marineministerium am 30. Januar 1870 übermittelte.

11 handbeschriebene Seiten umfaßt dieser Bericht, in dem die Eigentumsverhältnisse aller für den Park in Frage kommenden Parzellen dargestellt werden. Sie befanden sich teilweise noch in privater Hand und standen zum Teil auch noch unter oldenburgischer Oberhoheit, wenn sie auch in einem Zusatzvertrag von 1864 schon für die Erweiterung des preußischen Gebiets in Aussicht genommen worden waren, was erst 1873 wirksam wurde.

Das Admiralitäts-Commissariat in Oldenburg hatte seine liebe Not damit, um erst einmal festzulegen, welche Ausdehnung der Park südlich der Mariensieler Chaussee (der heutigen Bismarckstraße) und westlich der Gökerstraße bekommen sollte. Eigentlich sollte das Gebiet hinter dem Stationsgebäude und nördlich der späteren Viktoriastraße mit in den Park einbezogen werden, aber das scheiterte schließlich daran, daß verschiedene Schwierigkeiten auftraten. Vor allem hatte die Witwe des Bauern Gerdes auf dem Hof, der an der Ecke der heutigen Bremer-/Kieler Straße lag, schon einen Teil, nämlich das Gebiet der heutigen Bremer Straße zwischen der Willehad-Kirche und dem Hindenburgtor, an Arbeiter verkauft, die dann auch schon zu bauen begonnen hatten und nicht oder nur zu sehr hohen Bedingungen bereit waren, diese Stellen wieder zu räumen(!). Auf diese Weise erhielt dann der Park seine jetzige Ausdehnung, allerdings zunächst noch ohne den erst nach dem ersten Weltkrieg ausgebauten Teil hinter den Häusern Ecke Bismarck- und Mozartstraße.

Als man über seine Ausdehnung Klarheit geschaffen hatte, fingen die Schwierigkeiten erst richtig an, denn nun mußte man daran gehen, aus dem stark vernäßten und versumpften Weideland rund um die noch landwirtschaftlich verpachtete Domäne Gummels eine Parkanlage zu machen. Der Schlickboden der Marsch mit seinem »undurchlässigen Knick« erwies sich als recht feindlich gegenüber Baumanpflanzungen, das Marineministerium drängte aber auf »unverzüglichen« Beginn mit den Anpflanzungen.

Das Admiralitäts-Commissariat machte sich die Hilfe Oldenburgs zunutze. Es zog den Schöpfer des Oldenburger Hofgartens, den Gärtner Orth, zu Rate. Dieser gab auch wertvolle Anregungen. Wenn man den damals zwischen Oldenburg und Berlin unter Mitwirkung der Wilhelmshavener Hafenbau-Commission geführten Schriftwechsel liest, gewinnt man das Bild einer außerordentlichen Geschäftigkeit und fast liebevoller Mühe, die man der Sache zuwandte. Von oldenburgischer Seite wurde der Vareler Oberforstmeister Krömmelbein vorgeschlagen und dieser holte den Förster Sievers aus Seghorn hinzu. Auch mit Aurich trat man in Verbindung. Der Oberförster Gerdes von der Königl. Oberförsterei Sandhorst gab nicht nur Ratschläge, lieferte Bäume und Sträucher nicht nur, sondern war auch tätig beim Pflanzen, was dazu führte, daß seine Bäume am besten gediehen.

Sonst war es zunächst mit dem Gedeihen der angepflanzten Bäume und Sträucher nicht allzu gut bestellt. Dabei wurde man in Oldenburg und Wilhelmshaven nicht müde in der Beschaffung von Pflanzen und Pflänzlingen, für die man eigens eine Baumschule beim Catharinenfeld anlegte.

Schon im Juli 1870 wurde mit dem Pflanzen der Bäume und Sträucher begonnen und bis zum Dezember waren dafür bereits 800 Taler ausgegeben worden. Das Marineminsterium hatte den Vorschlägen des Generallandschaftsrats Jachmann als Leiter des Admiralitäts-Commissariats Oldenburg zugestimmt, zunächst als Schutz gegen die Winde und Stürme niedrige Erlen und Weißdorn anzupflanzen und hinterher bessere Holzarten, um deren Beschaffung man sich dann recht eifrig bemühte. Das geschah vor allem durch den im Jadegebiet tätigen Baumeister Schoorn, der im Mai 1871 einen langen Bericht gab über die bis dahin angeschafften Pflanzen- und Baumarten. Das ist eine recht beachtliche Liste. Und interessant ist auch, wo man überall eingekauft hatte. Es waren weit über 1000 Baumpflanzen »verschiedener Art« aus der Königl. Oberförsterei Miesburg bei Hannover, 600 Eschen aus der Oberförsterei Sandhorst, danach 200 Eschen und 2700 Fichten von Sandhorst und 15000 Eichen aus dem Forstrevier Wittmund, das auch noch 6000 größere Eichenpflanzen lieferte sowie mehrere tausend Linden, Ulmen und Erlen; aus Aurich kamen 8000 Pappelpflanzen, aus dem oldenburgischen Forstrevier 6000 Eichen, Fichten, Birken, Ulmen und Stechpalmen, desgleichen 800 Pappelstecklinge, aus Hahn 600 Baum- und Strauchpflanzen und aus Aurich 4000 Haselnußbäume. An Mengenbeschaffung fehlte es also nicht, nur die Aufzucht und die Pflege bereitete Ärger und war eine ständige Sorge, so daß man sich entschloß, Bodenuntersuchungen vornehmen zu lassen und Ratschläge einzuholen, was man tun müsse, damit die Bäume auch gedeihen konnten. Das geschah vor allem, nachdem 1873 nach Auflösung des Admiralitäts-Commissariats die Marine-Intendantur in Wilhelmshaven von der nunmehrigen Kaiserlichen Admiralität in Berlin mit der Sache betraut worden war. Diese bemühte sich um Gutachten und sandte der landwirtschaftlichen Akademie in Proskau Bodenproben aus dem Parkgelände, die von Prof. Dr. Krokker untersucht wurden. Dr. Krocker gab eine genaue Analyse dieser Bodenproben mit einer Beschreibung aller in dem Schlick, dem mehr und weniger sandigen Ton, festgestellten Bestandteile an chemischen und mineralischen Substanzen und schlug vor, den Boden durch Zusätze, vor allem an Kalk und Erde, zu verbessern und, wenn ausführbar, eine Drainage durchzuführen.

Vorher hatte schon der Seghorner Förster bei einer Besichtigung der bis 1873 erfolgten Anpflanzungen gemeint, der Parkanlage sei eine Zukunft »keineswegs abzusprechen«, man solle aber nicht so weiter wirtschaften wie bisher, sondern »rationeller« und dabei »speziell auf bessere Pflänzlinge und Bodenmischung Bedacht nehmen«. Zum Schutz der Anpflanzungen hatte man mit Bäumen und Sträuchern einen »Schutzgürtel« um den Park gelegt und die Bäume darin dicht gesetzt, was sich ja noch bis heute ausgewirkt hat. Schaden wurde angerichtet nicht nur durch das noch weidende Vieh des Domänenpächters, sondern auch durch den Menschen. Dabei beklagte man sich vor allem über die Bewohner von »Lothringen«, auf die man ohnehin schlecht zu sprechen war, weil diese ja durch ihre Häuser den Park verkleinert hatten.

Zum Ärger der Intendantur verpachtete dann auch noch im Jahre 1875 der Domäneninspektor Meinardus die Domäne auf weitere Jahre, so daß man sie erst 1882 selber in die Hand bekam. Sie wurde dann von dem bisherigen Parkwärter von Strom, der die Scheune in einen Tanz- und Konzertsaal, die Wohnräume in eine Gaststätte umbauen ließ, zur Bewirtschaftung übernommen. 10 Jahre lang wurde die einstige Landstelle als »Gartenwirtschaft« erholsamer Mittelpunkt froher Geselligkeit, bis sie in den 90er Jahren abgerissen und durch ein Parkhaus ersetzt wurde. Bis in den zweiten Weltkrieg hinein, als es ein Opfer der Bomben wurde, war es eine vielseitige Unterhaltungsstätte und auch mit Konzerten und Theatergastspielen, Vorträgen, Ausstellungen ein kultureller Mittelpunkt.

Vor Freigabe des Parkes waren Überlegungen aufgetaucht, wer »außer Offizieren, Beamten und besseren Leuten« den Park aufsuchen dürfte, wobei sich schnell die Erkenntnis durchsetzte, daß er der gesamten Bevölkerung zugute zu kommen habe, die ja auch tätigen Anteil an dem Park nahm. Das schloß freilich zu Beginn des 20. Jahrhunderts nicht aus, daß beim Bau des Marine-Offizier-Kasinos im Jahre 1902/03 der ganze östlich vom Parkmittelweg gelegene Parkteil abgeteilt wurde für die ausschließliche Benutzung der Mitglieder des Offizierkasinos, was sich erst nach 1918 änderte.

Es kostete damals der Wilhelmshavener Stadtverwaltung den Schweiß vieler und schwieriger Verhandlungen, bis der Marinefiskus den Park der Stadt überließ. Sie mußte immer noch dem Offizierkasino einen kleinen Teil des östlichen Parkgebietes überlassen, im übrigen aber kam er nun in städtische Verwaltung. Stadtbaurat Zopff machte aus dem Park einen Kurpark. Die Umzäunungen fielen, neue Eingänge wurden geschaffen, eine Erweiterung durchgeführt, vor allem aber neue Ruheplätze und Blumengärten angelegt. Vieles von dem fiel im zweiten Weltkrieg wieder weg, als Bomben den Park an vielen Stellen in ein Trichtergelände verwandelten, aber nach dem Kriege ist vieles neu erstanden und die Zerstörung des Offizier-Kasinos hat auch bewirkt, daß nun das ganze Parkgelände wieder ein öffentlicher Park geworden ist.

Viele Hände und Hirne haben den Park gestaltet. Der Wille eines Königs rief ihn ins Leben, Beamte der Marine haben ihn geschaffen. Zu ihnen gehörte der Marine-Intendanturrat Domeier, an den im Park noch die steinerne »Domeierbank« erinnert. Familien und Kinder im alten Wilhelmshaven haben einige Zeit hindurch auch Bäumchen für den Park gestiftet. Wilhelmshavens seinerzeitiger Bürgermeister Dr. Ziegner-Gnüchtel und alle Mitglieder der städtischen Kollegien haben 1902 mit dem Admiral Tirpitz darum – freilich vergeblich – gekämpft, die Benutzungsmöglichkeit des ganzen Parkes für die gesamte Bevölkerung nicht einzuschränken. Die Marinemusikkorps, vor allem unter Friedrich Wöhlbier und Richard Rothe, haben im Parkhaus und besonders auch an manchem schönen Sommerabend im Parkhausgarten konzertiert. Im Parkhaussaal spielte das Städtische Orchester unter Musikdirektor Alfred Hering am 8. Oktober 1940 Beethovens 9. Sinfonie und der Städtische Chor sang die Hymne an die Freude, als einige hundert Meter weiter Bomben auf der Werft drei Wachmänner tödlich trafen und die Alarmsirenen mißtönend sich einmischten in die Worte »Alle Menschen werden Brüder« (wovon wir auch jetzt immer noch weit entfernt sind).

Die Zeit ist geduldig, sie heilt alle Wunden. Auch diejenigen, die dem Park zugefügt wurden, sind verheilt. An der Stelle eines alten Parkeingangs steht noch einer der Luftschutztürme als Erinnerung an die unruhigen Jahre des Krieges. Viele Neubauten umrahmen den Park, auch im früheren Lothringen an der Stelle einstmaliger »Hütten«. Wo Kühe einst weideten, springen Fontänen. Wo das Parkhaus stand, kann man heute Rollschuh laufen. Manch Ungemach gehört der Vergangenheit an, auch daß »Parkräuber« kurz vor der Jahrhundertwende viele Parkbesucher in Angst und Schrecken versetzten, bis ein Schutzmann namens Witte, der sich Frauenkleider anzog, ihrer habhaft werden konnte und das Gericht sie ins Zuchthaus schickte.

Einige Daten aus der Zeit nach dem ersten Weltkrieg sind wichtig für die Entwicklung des Parkes, als dieser im Jahre 1926 von der Marine an die Stadt übergeben worden war. 1928 begann das Stadtbauamt mit der neuzeitlichen Ausgestaltung der Anlage und im gleichen Jahre wurde mit dem »Hindenburgtor« genannten Parkpassagehaus im Zuge der heutigen Virchowstraße ein neuer Parkeingang geschaffen, 1933 der mit zwei Turmhäuschen flankierte Parkeingang an der Ecke der Göker-/Bismarckstraße, der heutigen 1963 entstandenen Kortekreuzung. 1936 schuf die Stadt neben dem Parkhaus eine große hohe Voliere, die dem Krieg zum Opfer fiel. 1935 schuf der Bildhauer Kurt Rieger die beiden Plastiken Hein und Grete, die heute am östlichen Parkteich stehen, seit 1963 wieder miteinander vereint, nachdem die Figur der Grete aus dem Schlamm des Parkteiches wieder zutage gefördert worden war. 50 Erwerbslose setzte die Stadt nach dem zweiten Weltkriege ein, um im Zuge von Notstandsarbeiten die Kriegsschäden zu beseitigen, und es war ein freudiges Ereignis in der Geschichte des Parkes, als am 13. Juni 1965 mit einem Konzert des damaligen Philharmonischen Orchesters und des Männergesangvereins »Heim« der Musikpavillon eingeweiht wurde.

Jahrzehnte hindurch hat nach dem Beginn der Anpflanzungen die Wilhelmshavener Marine-Intendantur immer wieder die Admiralität in Berlin oft eindringlich beschworen, die Mittel nicht zu sehr zu beschränken, damit aus dem anfänglich Unfertigen etwas Vollständiges werde, denn der Park sei »ein Bedürfnis für den hiesigen Platz« und bedürfe nicht nur der Fertigstellung, sondern auch der ständigen Pflege und Verbesserung, um seinen Zweck zu erfüllen, »der Bevölkerung einen vegetationsreichen und gesunden Erholungsort zu bieten«, wobei auch hingewiesen wurde auf ein Gutachten der Hafenbauverwaltung, die die Beibehaltung des »Rigolens und der dichten Bepflanzung« empfahl, was noch heute alle jene Wilhelmshavener bestärken mag, die den Park wegen seines stellenweisen »Waldcharakters« in ihr Herz geschlossen haben.

Der Wilhelmshavener

Es gibt ihn, den Wilhelmshavener, wenn man ihn heute auch wohl nicht so leicht wahrnehmen kann, als das früher der Fall war. Es gibt ihn wie den Hamburger und Bremer, den Berliner und Kölner, die sich ja schon durch die besondere Mutation der Sprache auszeichnen. Dem Wilhelmshavener hängen aus der

Überlieferung mehr als in der gegenwärtigen Anwendung auch einige sprachliche Merkmale an. Das »oh ha!« hatte sich hier als Kurzäußerung des Erstaunens ebenso eingebürgert wie die Redewendung, die sich sogar einmal die Eisenbahn hier geleistet hat mit dem Hinweisschild: »Nach den Gleisen«. Das entsprach dem, was man aus dem Munde einer Mutter hörte, deren Kind eingeschult werden mußte: »Es kommt nach Schule.«

Inzwischen haben sich solche Äußerlichkeiten im Zeichen der fortschreitenden Zivilisation verflüchtigt. Was blieb, ist der Typus des Wilhelmshaveners mit seinem Beharrungsvermögen, seinem Tatendrang, einer guten Portion von Lebendigkeit und stoischer Ruhe. Diese eigenartige Mischung ist wohl in erster Linie darauf zurückzuführen, daß von »Anfang an«, also seit der Zeit, als zu Beginn der 50er Jahre des vorigen Jahrhunderts hier mit der Anlage des preußischen Marine-Etablissements begonnen wurde, Menschen aller deutschen und auch einiger ausländischer Stämme sich zusammenfanden, sich vereinten und miteinander verschmolzen. Man sprach deshalb schon sehr früh, als noch niemand an spätere Flüchtlingsströme dachte, von der Jadeecke, von Wilhelmshaven und den Rüstringer Nachbargemeinden, als von einem »Schmelztiegel des Reiches«. Aus allen Gebieten des Deutschen Reiches zog es Menschen ins Jadegebiet, aus Oldenburg und Ostfriesland wie aus Ostpreußen, aus dem Rheinland wie aus Schlesien, aus Schleswig und Holstein wie aus Bayern und Schwaben, aus Mecklenburg und Pommern wie aus Sachsen und Thüringen, dazu auch aus Österreich, aus dem Polnischen und aus Italien. Alle diese Landsmannschaften hatten ihre Heimatvereine, die zu allen Jahreszeiten ihre frohen Feste feierten.

Das Sächsische vermischte sich hier mit anderen Dialekten, das rheinische Temperament mit jener Verschmelzung aus »Sturheit« und verhaltener Leidenschaft der Friesen. Vor allem aber trafen die Charaktereigenschaften der einzelnen Stämme aufeinander. Wie unterschiedlich sie sind, spürte man nirgends so sehr wie an der Jade. Auch die »Gesinnungen« prallten aufeinander. Da waren die preußischen Untertanen, die dem Kaiser zujubelten, und im oldenburgischen die kritischen Arbeiter, Sozialdemokraten in Bant, bedachtsamere Liberale in Heppens, vaterländisch-oldenburgische Bauern in Neuende mit ihrer friesisch-jeverländischen Distanz.

Wilhelmshaven gehörte im Deutschen Reich zu den Festungen, war Marine- und Flottenstützpunkt und hatte eine der größten Werften. Damit war es eine Stadt der Offiziere, Beamten, Handwerker, Kaufleute, Matrosen und Arbeiter. Das brachte Standesunterschiede mit sich, aber auch Standesbewußtsein. Dieses war bei den Arbeitern nicht geringer ausgeprägt als bei den Offizieren, nur war es stark abgegrenzt. Nach der sozialistischen Lehre gehörten zwar die Arbeiter zum »Proletariat«, aber sie hätten es als Beleidigung empfunden, hätte man sie als »Proleten« bezeichnet. Sie waren als Werfthandwerker, die modernste Schiffe bauten, Handwerker im besten Sinne des Wortes und sich ihres Wertes als Facharbeiter voll bewußt. Das ließen sie auch erkennen. Sie entwickelten Bürgergeist nicht weniger als alle anderen Zivilbewohner von der konservativen Richtung bis zu den Demokraten und Freisinnigen.

Das sog. »Bürgertum« war an der Jade schon gleich mit den in den ersten Baracken mehr schlecht als recht untergebrachten Hafenarbeitern seßhaft geworden als Gastwirte, Kaufleute, Unternehmer und Handwerksmeister. Auch sie waren aus den verschiedenen deutschen Gauen gekommen. Das große Projekt der Preußen hatte sie hierher gelockt, wo die Aussicht bestand, Geld zu verdienen und sich eine neue Zukunft aufzubauen. Manche von ihnen hatten es nötig, nachdem ihnen in ihrer Heimat wirtschaftliche Verhältnisse oder sonstige »Schwierigkeiten« entgegengetreten waren, wie sie das Leben nun einmal, verschuldet und unverschuldet, mit sich bringen kann. Das »Schicksal« führte sie im Jadegebiet zuhauf, Unternehmungsgeist und wohl auch ein wenig Abenteuerlust. Nun mußten sie hier gemeinsam leben, Fremde unter Fremden, in neuer Umgebung, in einer für viele von ihnen eintönigen Landschaft mit rauhem Klima, mit der Salzluft der See und den Ausdünstungen von Schlick und Darg, die den Baugruben entstiegen. Regen und Kälte, ungesunde »Miasmen« setzten ihnen zu. Der Aushub der Hafen- und Dockgruben mit Spaten und Schiebkarre im eintönigen Rhythmus der Arbeiterschlangen war einer Schlacht zu vergleichen. Es gab Siege und Niederlagen, Tote und Kranke; die Fieberkrankheit, das »kalte Fieber«, die Malaria raffte so manchen dahin. Diphtherie verursachte zeitweise ein großes Kindersterben. Nichts fiel hier den Menschen in den Schoß.

Als 1869 der Hafen eingeweiht worden war, die werdende Stadt ihren Namen erhalten hatte, gab es die ersten obrigkeitlichen Überlegungen, welche Struktur denn dieses Wilhelmshaven erhalten sollte. In aller Kürze würde Wilhelmshaven ja wirklich eine richtige Stadt sein. Sie mußte ihrer Bürger, die Bürger mußten aber auch der Stadt würdig sein. Waren sie das?

Die Provinzialregierung entsandte 1872 in kurzem Abstand zwei Beamte an die Jade, sich hier einmal umzusehen und Vorschläge zu machen, wie das Statut für solch ein neues, aus dem Boden gestampftes

Gemeinwesen wohl beschaffen sein müsse und könne. Für eine Kommunalverfassung gab es verschiedene Arten, die eines Dorfes oder Kirchspiels, also einer Landgemeinde, die einer Stadt, die einem Landkreis untergeordnet war, oder die einer selbständigen kreisfreien Stadt. Zur letzten gehörten Rechte von außerordentlicher Tragweite und großer Verantwortung der Bürger. Gab es sie hier?

Von den Regierungsbeamten, die sich mit der kommunalpolitischen Zukunft der Stadt zu beschäftigen hatten, war es vor allem der Regierungsrat Braun, der in seinem Bericht vom 12. Juli 1872 ein vernichtendes Urteil über Wilhelmshaven und seine Einwohner fällte. Er lobte, was der preußische Staat hier geplant und geschaffen hatte, war aber entsetzt darüber, daß sich nun die »Spekulation der Bautätigkeit bemächtigt« hätte. Er fand Wilhelmshaven mit all dem, was sich an der Jade in nächster Nachbarschaft der preußisch-oldenburgischen Grenze entwickelt hatte, als ein auseinandergerissenes unfertiges Stadtwesen vor. Wilhelmshaven sei ein »unangenehmer« Aufenthalt, niemand käme hierher, wenn er nicht durch Beruf oder Gelderwerb dahin verwiesen werde. Ein »seßhaftes Proletariat« gäbe es »eigentlich gar nicht«, nur wenige kleine Handwerker. Die Schankwirte bezeichnete er mit ihrem »weiblichen Anhang« in der Mehrzahl als unmoralisch, die niedere Klasse der Arbeiter und Matrosen und »natürlich auch der fremden Arbeiter« als »roh«. Brutale Verbrechen und Diebstähle seien nicht selten. Dabei erwähnte Braun einen Matrosen, der 1871 mit einem Eisenbahnwaggon eine große Menge Militäreffekten ins Oldenburgische in Sicherheit gebracht hätte. Braun nannte verschiedene Unvollkommenheiten. Es gäbe keine Straßenreinigung, jeder werfe Abfall und Kehricht dahin, wo es ihm passe. Brauns Schlußfolgerung lautete: Für solche Zustände sei die »elementarste« (also einfachste, wenn nicht primitivste) Verfassung die beste. Die Gemeinde müsse erst mehr erstarken, ehe sie die städtische Verfassung ertragen könne.

So kam denn durch das städtische Verfassungsstatut vom 4. 8. 1873 ein Mittelding von Landgemeinde und amtshängiger Stadt mit Magistrat und Bürgervorsteherkollegium zustande, dem Amte Wittmund »untergeben«. Das Verhängnis wollte es, daß der erste einer ostpreußischen Handwerkerfamilie entstammende Bürgermeister Nakzcynski hier durch seine Aktivität und sonstiges Verhalten auf vielerlei Widerstände stieß. In Magistrat und Bürgerschaftsvertretung herrschte ein gereizter, wenn nicht rauher Ton bei den unterschiedlichen Temperamenten.

So ist denn auch zu verstehen, daß noch 1882 der Auricher Seminarlehrer W. Hering in seinem für den Schulunterricht geschriebenen Büchlein »Der kleine Ostfriese« schreiben konnte, daß die bunte Masse der Wilhelmshavener Bevölkerung aus Soldaten, strebsamen Bürgern und »Schwindlern« bestehe.

In den 80er Jahren war in Wilhelmshaven noch alles im Fluß und in der Auslese begriffen. So konnte es auch nicht verwundern, daß in einem Bericht über die Strafjustiz im Bezirk des Landgerichts Aurich für den Amtsgerichtsbezirk Wilhelmshaven als der »jüngsten Stadt im Deutschen Reich« auf die große Zahl der hier verübten »Verbrechen und Vergehen«, von Meineiden und Körperverletzungen mit tödlichem Ausgang sowie auf die Unterschlagungen bei der Wilhelmshavener Stadtverwaltung hingewiesen wurde. In einer damals offenbar bedeutsamen Meineidssache (der Name wird genannt) hatte der Wilhelmshavener Amtsrichter Keber festgestellt, diese große Zahl von Straftaten sei auf den »noch nicht fest solidierten Bürgerstand« zurückzuführen. Es befand sich wohl noch viel Spreu unter dem Weizen. Wilhelmshaven galt ja im Binnenlande als »Klein Amerika«; auch der spätere sozialdemokratische Rüstringer Oberbürgermeister Paul Hug verglich einmal das Jadegebiet von damals mit Kalifornien, nur daß man hier kein Gold ausgrabe, sondern (durch die Bauwerke) in die Erde eingrabe ...

Bei der Zusammenballung so verschiedenartiger Menschentypen konnte es nicht ausbleiben, daß sich aus ihnen auch solche herausschälten, die man gemeinhin als »Originale« bezeichnet. Dabei spannt sich von Originalität über originell bis zum Komischen und Tragischen ein weiter Bogen.

Zu den ausgesprochen Wilhelmshavener Originalen ist jener Gottlieb Radeke zu zählen, von dem in verschiedenen Erinnerungen die Rede ist, die Wilhelmshavener Zeitgenossen niedergeschrieben haben. Er wird beschrieben als ein Mann mit »strohgelben Haarstoppeln, die jedes Kammes spotteten«, mit »Glotzaugen und Gurkennase« in einem »rosig angehauchten Gesicht«. Er gehörte gewissermaßen zu den »Gescheiterten«, die an die Jade verschlagen waren. Als Wirt eines adeligen Clubs in Celle hatte er sich unmöglich gemacht, seine Frau selbst hatte ihn »an die Luft gesetzt«. Einige Zeit war er Oberkellner in Varel. Von hier kam er nach Wilhelmshaven. Er wurde Lohndiener und schließlich Bote bei der Hafenbauverwaltung. Um nicht zu verhungern, baute er auf einem Stück Land, das man ihm umsonst zur Nutzung überlassen hatte, sein eigenes Gemüse an, doch im übrigen strebte er immer hoch hinaus. Er spielte den feinen Mann mit einer Visitenkarte, darauf zu lesen stand: »Gottlieb Radeke, Beamter der Hafenbau-Kommission«. Er war ein guter Reiter. Sobald sich ihm, wenn z. B. ein Zirkus hierher kam, Gelegenheit dazu bot, ritt er, möglichst auf einem Schimmel, durch die Stadt. Er trug ein etwas fragwürdiges Reitkostüm; den Hut in der Hand, grüßte er nach allen Seiten »huldvoll« mit der Reitgerte.

Zu den Wilhelmshavener Originalen muß auch Ruwäda Gohse gezählt werden. Sie unterhielt eine Privatschule für Mädchen, bei ihr konnten Mädchen auch ihre Schularbeiten machen. Sie war aber auch auf die Bezahlung sehr bedacht. Wegen der Art ihres Verhaltens war sie manchem Spott und Schabernack ausgesetzt und als geizig verschrien. Als sie eines Tages einen Brief erhielt, für den sie 10 Pfennig Nachgebühr bezahlen mußte, las sie darin die höhnische Mitteilung »Ruwäda Gohse – diesen Groschen bist Du – Lohse!« Sie verdächtigte nun den Buchhändler Lohse und machte ihm in dessen Geschäft eine Szene. Dadurch wurde der ihr angetane Schabernack erst bekannt. Buchhändler Lohse war natürlich völlig unbeteiligt. Es stellte sich heraus, daß einige Männer in Weinlaune sich diesen »Scherz« erlaubt hatten, der nun von Mund zu Mund ging.

Es wurde damals manches in den Wirtshäusern ausgeheckt, das »größere Kreise« zog. Viele empfanden Wilhelmshaven als ein Stadtwesen, in dem »nicht viel los war«, da kam man eben auf mancherlei seltsame Dinge, wie die Versteigerung eines schönen Bartes, zu dem der bärtige Mann sich überreden ließ, was in dessen Familie eine ungeahnte Wirkung auslöste.

Zu den Originalen, über die man an der Jade früher verfügte, gehören noch der Banter Fischhändler Schüttmann, der einmal Kapitän gewesen sein soll und der, wenn er einen über den Durst getrunken hatte, den Banter Jungen seine tollsten Erlebnisse auf seinen »Weltumseglungen« auftischte. Vielleicht gehören zu ihnen auch die Wilhelmshavener »Eckensteher« Ennen und Schippmann, die den Gymnasiasten bei deren Lateinaufgaben Hilfe leisteten, und der »lange Hein« in Bant. Unter seiner graugrünen Schirmmütze hing ihm das Haar bis in den Nacken. Seine Hose war ihm viel zu kurz. An den Füßen trug er Holzschuhe. Im Sommer wie im Winter hatte er seine rechte Hand in einen grauen Strickstrumpf gesteckt. Eine »Köömbuddel« schaute ständig aus seiner Rocktasche. »Een nehmt wi noch!« waren seine wenigen zur sprichwörtlichen Redensart gewordenen Worte, sonst sprach er kaum mit jemandem. Als ihm ein anderer merkwürdiger Zeitgenosse, der »Herzog von Kummerland« näher zu kommen suchte, der sich Zigarrenbänder auf die Ärmel seines Jackets und die blaue Schirmmütze genäht hatte, löste sich der »lange Hein« recht bald wieder von ihm. Nach ihm gefragt gab er zur Antwort: »Mit den laat mi tofräden, de suupt mi toveel.«

Damit kommen wir aber schon zu den mehr tragischen als originellen und komischen Figuren, zu denen, die wir mehr bedauern als belächeln können. Wegen ihrer körperlichen und mehr noch wegen ihrer geistigen Unzulänglichkeit sind sie oft dem Spott ihrer Mitmenschen ausgesetzt und haben darunter zu leiden. Es gab deren mehrere, vor allem die Jugend hatte es auf sie abgesehen. Der eine lief mit einem Strauchbesen durch die Straßen, wenn die Kinder ihn neckten, rannte er mit dem geschwungenen Besen hinter ihnen her und wurde ihrer natürlich nie habhaft. Den anderen riefen die Kinder den Namen »Hein Uhl« nach, wenn er von der Werft, wo er als Handlanger arbeitete, nach Hause ging. Er ließ sich dann dazu verleiten, mit seinem Holztrippen, die er trug, hinter den Kindern herzulaufen. Hier wurde Originalität zur Tragik.

Sie sind mit der Zeit in Vergessenheit geraten, alle die in ihrer verschiedenen Art originellen Wilhelmshavener. Es ließe sich gewiß ein langes Verzeichnis von ihnen aufstellen, und diese würde eine bunte Palette darstellen. Zu den »Originalen« mag auch mancher gehören, der sich aus der Masse der Bewohner heraushob und im gutem Sinne des Wortes eine Persönlichkeit war. Sie hat es in großer Zahl gegeben. Das Heitere überstrahlte in vielfältiger Weise ihre Wesensart und Menschlichkeit. Und wenn auch vielleicht gerade kein Professor Landois unter ihnen war, der in Münster eine so große Bedeutung erlangte, so haben doch auch sie, deren Namen hier »Schall und Rauch« bleiben möge, in ihrer Art etwas geleistet . . .

Dieser und jener Binnenländer, der bei der jährlichen Einberufung zur Kaiserlichen Marine als Rekrut hierher kam, ist an der Jade seßhaft geworden und hat hier eine Familie gegründet, denn die jungen Mädchen heirateten mit Vorliebe einen »von der Marine«. Andere, die nach ihrer Dienstzeit in ihre Heimat zurückkehrten, nahmen jenen hier eingebürgerten Spitznamen Wilhelmshavens mit: Schlicktau. Er ist unsterblich geworden. Und vielleicht steckt nicht nur Spott in jenem Lied eines auf dem jährlichen Wilhelmshavener Herrenabend beim Kaiserbesuch im März 1913 aufgeführten Singspiels, in dem die den Denkmalssockel des kurz vorher enthüllten Colignydenkmals umtanzenden Geister vernehmen ließen:

Wir tanzen Ringelreihen, einmal hin und her.
So schön wie Wilhelmshaven gibt's sonst gar nichts mehr.
Und überhaupt, woanders ist es gar nicht fein:
Wir wollen Wilhelm-, Wilhelm-, Wilhelmshav'ner sein!

Von den Bantern und den Banter Briten

Im ersten Weltkrieg war es. In ein Feldlazarett auf einem der vielen Kriegsschauplätze wurde ein verwundeter Soldat bewußtlos eingeliefert. Im Feldlazarett befand sich ein Wilhelmshavener. Dieser entdeckte bei dem verwundeten Soldaten einen blauen Punkt zwischen Daumen und Zeigefinger der linken Hand, er war eintätowiert. Richtig folgerte der Wilhelmshavener, dieser Soldat müsse ein Banter Brit sein. Und das war er auch.

Der Verwundete gehörte zu jener verschworenen Gemeinschaft Banter Jungen, die als »Banter Briten« nicht nur in Wilhelmshaven und Rüstringen bekannt waren, sie fielen auch außerhalb dieser Grenzen hin und wieder auf. Und man wußte, das Zeichen dieser Jungen war jener blaue Punkt, der sie gleichsam alle zusammenhielt und der ein gegenseitiges Erkennungszeichen war, wo man sich treffen mochte. So weiß man, daß sich »Banter Briten« auch einmal in New York trafen in froher Erinnerung an gemeinsame Taten und sonnige Jugendjahre voller Tatendrang rund um den Krähenbusch in Bant.

Hier war sie einst erstanden, diese Gemeinschaft, von Belfort bis Sedan, von Metz bis Neu-Bremen, wie die Banter Bezirke damals hießen. Die Jungen gehörten den letzten Klassen der Volksschulen an, Jungen vom Gymnasium oder der höheren Bürgerschule waren von der Gemeinschaft ausgeschlossen. Viele Häuser standen damals noch nicht im Gebiet um den Krähenbusch, einer mit hohen Bäumen bestandenen über 3 m hohen Wurt, auf der im 19. Jahrhundert noch ein Bauernhof gestanden hatte. An der Stelle der Schillerstraße lief noch ein Feldweg durchs Land, an der Peterstraße standen, wo der Metzer Weg sie kreuzte auf zwei Wurten die Bauernstellen von Andreae und Theilen, bis schließlich die eine einem Weinlokal und nach dem Kriege einer Tankstelle, die andere einer Villa des Rentiers Nathenstedt und schließlich der Cäcilienschule wich. Die Bauernhöfe an der Kirchreihe, die zu Neuende gehörten, mit den Goldmüllers und Silbermüllers lagen noch weitab der Stadt und waren zur Obstreifezeit um so mehr das Ziel tatenfroher Jungen aus Bant. Es waren auch noch die Zeiten, da mit Knüppeln und langen Latten unter den Jungen der verschiedenen Stadtteile, oder besser gesagt, der verschiedenen Wohngebiete in den noch voneinander getrennten Gemeinden heiße Schlachten geschlagen wurden, mit den Tonndeicher Jungen z. B. in Heppens, wobei es nicht zuletzt auch um den Besitz des Osterfeuers ging.

Jugend ging schon immer ihre eigenen Wege. Die Väter und Mütter mögen manchmal weidlich geschimpft haben, aber hernach wurden die Jungen selber Väter und mußten erleben, daß ihre Söhne die Tradition fortsetzten.

Die Banter Briten heckten allerhand aus, aber sie zeigten auch, daß sie helfen konnten. Sie waren »Hans Dampf in allen Gassen«. Dem einen spielten sie wohl einen Streich, aber anderen gegenüber waren sie hilfsbereit, manche mußten sich auch ein wenig Spott gefallen lassen. Wo sie in einem fremden Apfelbaum erwischt wurden, kamen sie oft um die »gehörige Senge« nicht herum, aber das focht sie nicht an. Sie besaßen Gemeinschaftsgeist. Wer sich besonders auszeichnete, erhielt einen zweiten Punkt, wen sie zum »Häuptling« erwählten, einen dritten. Doch wurde niemand »Häuptling« unter den Banter Briten aus eigener Machtvollkommenheit, das kam bei ihnen nicht in Betracht.

Wann es die ersten »Banter Briten« gab, ist nicht

bekannt. Es dürfte nicht lange nach der Neugründung der Gemeinde Bant im Jahre 1879 gewesen sein, daß diese Gemeinschaft des blauen Punktes sich zusammenfand und sich mit dem Wachsen der Gemeinde Bant entwickelte.

Mit diesem Bant hat es ja seine eigene Bewandtnis. Es hat schon im frühen und hohen Mittelalter ein Bant gegeben. Die Banter Ruine im Wilhelmshavener Hafengebiet ist noch ein, wenn auch 1889 künstlich errichtetes Zeugnis des alten Bant. Sie steht auf den Grundmauern einer Kirche, von der noch in überlieferten Resten des mittelalterlichen »Missale«, des Meßbuches also, die Rede ist. Es ist auch von ihr überliefert, daß die Banter sie ihrem angeblich ersten Häuptling Edo Wiemken dem Älteren um die Mitte des 14. Jahrhunderts befestigt haben, bevor dieser 1383 die Sibetsburg erbaute. Ob Edo Wiemken tatsächlich der erste der Häuptlinge war oder ein gewisser Fredo, auch Fredericus genannt, von dem man weiß, daß er auch Münzen geprägt hat, ist nicht sicher, aber auch nicht unwahrscheinlich, doch sollte uns das hier weniger interessieren als das Schicksal der Banter selbst, denen die Sturmfluten jener Zeiten arg zusetzten und vor denen sie schließlich so weit zurückwichen, daß vom ganzen Bant nur ein kleiner Teil ohne die Kirche übrigblieb, der im 16. Jahrhundert der Gemeinde Neuende einverleibt wurde und dort bis 1879 verblieben ist.

Weniger vom Rüstringer »Verdendeel Bant« soll hier die Rede sein (darüber kann man bei Sello, Woebcken und anderen nachlesen) als von den Bantern. Ihnen wurden besonders die Sturmfluten in den Jahren 1509 bis zur Eisflut im Januar 1511 zum Verhängnis. Zur Antoniflut im Januar 1511 kam ein weiteres Unglück, nicht nur für Bant, sondern für das ganze Jeverland. Am Ostersonnabend starb der Herr von Jever, Edo Wiemken der Jüngere. Er hinterließ minderjährige Kinder, die Regierung übernahmen für sie verschiedene Ortshäuptlinge, die es jedoch mit ihren Pflichten nicht allzu ernst nahmen. Jedenfalls unterblieb auf Jahre hinaus die Wiederherstellung der Deiche. Bant wurde dadurch sehr hart getroffen. Die Sturmfluten hatten den alten Banter Deich, der damals noch weit vor dem jetzigen Seedeich zwischen Kaiser-Wilhelm-Brücke und Mariensiel gelegen hatte, stark beschädigt, aber eine sofortige Herstellung hätte die Rettung eines großen Landstriches und auch der Banter Kirche bewirkt. Durch die Nachlässigkeit der jeverschen Regenten wurden der Deich und das Land immer mehr in Mitleidenschaft gezogen.

Daß es jedoch bis zum Bau des neuen Banter Deiches 18 Jahre dauern mußte, war aber nicht allein die Schuld der Regenten. Die Banter selbst trugen ihr Teil dazu bei. Verschiedene Interessen stießen bei der Frage, wie der neue Deich gezogen werden sollte, aufeinander. In Neuende und Kniphausen war es immerhin gelungen, schon 1520 einen neuen Deich zu bauen, durch den die Maadebucht von der Jade abgetrennt wurde. Inzwischen war im Jadebusen die Kirche zu Bordum aufgegeben und geschleift worden. Zu einer Versammlung der Rüstringer Interessenten erschienen auch der jeversche Drost Boynck von Oldersum und Remmer von Seediek, der spätere Kanzler des Fräulein Maria von Jever. Die Versammlung sollte die Linie des neu zu errichtenden Deiches festlegen. Bei diesen Beratungen trat der merkwürdige Fall ein, daß ausgerechnet die Vertreter von Sande und Seediek sich dafür einsetzten, das Banter Kirchspiel noch mit einzudeichen und damit die Banter Kirche zu retten. Die Neuender und Heppenser und auch die Vertreter von Bant, die möglicherweise die

Verhältnisse anders und richtiger übersahen, waren für eine Zurückverlegung des Deiches und damit für die Ausdeichung der Banter Kirchwurt. Bei der Abstimmung, die der jeversche Drost durchführte, überwogen die Stimmen der Banter, Heppenser und Neuender. So entstand dann im Jahre 1528 ein neuer Banter Deich. Er erstreckte sich zwischen Mariensiel und dem Dauensfeld am Fährhuk südlich des heutigen Ems-Jade-Kanals. Etwa in Höhe der heutigen Deichbrücke wurde ein Siel angelegt. Von hier ging der Deich weiter nach einer Seite mitten durch den jetzigen Großen Hafen und der anderen Seite dorthin, wo sich heute die Gleisanlagen der Hafenbahn südlich der Neuen Jadewerft und des Pumpwerkes erstrecken und auch der Name »Banter Deich« noch als Straßenname erhalten ist.

80 Jahre später wurde dieser Deich auf eine harte Probe gestellt. Am 7. Januar 1609 schleuderten die Fluten schwere Eisschollen gegen den Deich, wenige Wochen später folgte eine zweite Flut und am 6. Januar 1610 eine dritte. Längs des Banter Deiches bildeten sich mehrere Kolke, ein großer an der Wohnwurtgruppe der Kleinen und Großen Banter Wierth linker Hand der Jadestraße an der Stelle der heutigen Marineanlage. Der Kolk mußte bei der Wiederherstellung des Deiches umdeicht werden. Er ist mit einem weiteren Kolk in der Nähe des Sieles bestehen geblieben und erst bei der Erweiterung des Wilhelmshavener Hafens zu Beginn dieses Jahrhunderts zusammen mit dem alten Banter Deich verschwunden. In Verbindung mit der Süderweiterung des Hafens durch Schaffung neuer Hafenbecken für die Flotte und den Bau der Torpedo- und U-Bootswerft sowie anderer Anlagen der Kaiserlichen Marine entstand im Wattenmeer des Jadebusens ein neuer Banter Seedeich, der 1910 fertig war. In einem in Rüst-

ringen-Bant erschienenen Kalender wurde dieser Deichbau und die großen Veränderungen auf dem Banter Gebiet mit einer »Revolution« verglichen.

So hat denn nicht eine Sturmflut den alten Banter Deich von 1529 beseitigt, sondern das Aufstreben des Deutschen Reiches in einer Zeit harten Wettbewerbs unter den Völkern der Erde. Lange Zeit war der Banter Deich auch noch nach der Gründung Wilhelmshavens im Jahre 1869 bestehengeblieben. 1863 und 64 förderten Ausgrabungen auf der Banter Kirchwurt mehrere Steinsärge zutage und 1909 fand Dr. h. c. Heinrich Schütte bei seinen Untersuchungen hier Reste mehrerer Holzsärge, aber auch Spuren einer Siedlung, die vor dem Bau der ersten Banter Kirche hier bestanden hat. Die Marine legte auf dem damaligen Außengroden bei der Kirchwurt einen Schießstand an. 1883 entstand im Schutze des Deiches der erste Wilhelmshavener Zivilbegräbnisplatz. 1889 baute der Wilhelmshavener Verschönerungsverein auf den Grundmauern der alten Kirche die jetzige Ruine. Sie hat bewirkt, daß die Wurt bis heute im großen ganzen bestehengeblieben ist. In den beiden Weltkriegen wurden Flakstände auf der Kirchwurt installiert. Sie sollten vor allem auch U-Bootskasernen, die in der Nähe erbaut worden waren, schützen.

Noch bis in das 20. Jahrhundert hinein führte der Banter Deich sein Eigenleben. Über den Ems-Jade-Kanal war er nur mit einem Boot zu erreichen. Am Banter Deich entwickelten die Banter, die in den 70er Jahren in der Werfthäuser-Kolonie Belfort ansässig wurden, einen Badebetrieb. Einige Wirtschaften am und in der Nähe des Deiches entstanden, die nicht immer den besten Ruf hatten. Dort, wo heute die Neue Jadewerft ihre Schiffe baut, lag ein Gartenrestaurant. Der Sielwärter wohnte am Fuße des Deiches in einem kleinen Häuschen, und sein Nachbar Knieling wohnte hier ebenso beschaulich und sicher. Wenn in der Nähe des Siels die Firma Schlenker Fäkalien auf Schuten verlud, um sie ins Moor abzutransportieren, mußten die Deichbesucher allerdings die Nase zuhalten. Es kam noch des öfteren vor, daß im Winter der Kanal zufror. Dann tummelten sich auf dem Eise die Eisläufer aus Bant und Wilhelmshaven, oft zu den Klängen der Musik der Banter Beilschmidtschen Kapelle.

Die Badeanlagen am Banter Deich befanden sich dort, wo die Werftstraße auf den Kanal zuführte. Bevor hier eine Brücke den Zugang zum Deich über den Kanal ermöglichte und damit auch zur Gaststätte von Sierakowski, mußte man mit einem Prahm hinübergesetzt werden. Der Prahm war an einer Kette befestigt und jeder konnte sich selbst hinüberziehen. Nur zur Badezeit bediente ein Wärter das Fahrzeug. Dafür stellte die 1879 gegründete neue Gemeinde Bant einen Invaliden an. Dieser war aber schwerhörig, und wenn er bei kaltem Wetter in seiner warmen Bude saß, hörte er nicht, wenn von drüben jemand herübergeholt werden wollte. Bei stürmischem Wetter kam es auch vor, daß der Prahm sich selbständig machte und mit dem Wärter abtrieb. Das hörte auf, als die Gemeinde eine Brücke baute, sehr zur Freude auch für den Banter Badeverein, es erleichterte ihm die Werbung für das Seebad Bant.

Mit der Neugründung der Gemeinde Bant 1879 wurde auch der neue Typ des Banters geboren. Das bäuerliche Element trat in den Hintergrund. Der größte Teil der etwa 4000 Einwohner zählenden neuen Gemeinde zwischen Kanal und Bismarckstraße bestand aus Handwerkern und Arbeitern der Kaiserlichen Werft, wozu dann eine kleinere Gruppe von Bauern, Kaufleuten, Unternehmern, Lehrern und einiger anderer »bürgerlicher« Berufe kam. Sie mußten sich im Gemeinderat mit den Vertretern der Arbeiter zusammenraufen. Die Eigentümer hatten ja einen bestimmten Stimmenvorteil. Man wählte zum Gemeindevorsteher auch zunächst einen Ingenieur, der aber sehr bald sein Amt abgab, so daß dann mehr als 25 Jahre ein Kaufmann die Gemeinde führte, der einer Hugenottenfamilie entstammte, mit der friesischen Heimat aber sehr verbunden war, sich nicht Marc Otto de Thouars Meentz, sondern schlicht Otto Meentz nannte und es verstand, in der Gemeinde mit allen politischen Schattierungen gut auszukommen.

Es blieb bei der Zusammensetzung des Gemeinderats und der politischen Zugehörigkeit einer Anzahl der Mitglieder zur sozialdemokratischen Partei nicht aus, daß des öfteren einer der ihren zum Beigeordneten gewählt wurde, doch wachten der Amtshauptmann in Jever und das oldenburgische Staatsministerium darüber, daß diese Gewählten als Beigeordnete nicht bestätigt wurden. Das geschah z. B. vor allem bei dem Gemeinderatsmitglied Paul Hug, der als Werftschlosser an die Jade gekommen war, dort aber wegen seiner Gesinnung entlassen wurde, eine Gaststätte aufmachte und schließlich eine Buchdruckerei gründete und eine sozialdemokratische Zeitung herausgab, ein Mann von durchaus lauterer Gesinnung, der es nach 1918 auch zu Amt und Würden brachte und zuletzt Oberbürgermeister der 1911 aus Bant, Heppens und Neuende gebildeten Stadt Rustringen wurde. Sozialdemokraten gab es nun allerdings nicht nur in Bant, sondern auch in Heppens und, in geringerer Zahl, auch im preußischen Wilhelmshaven, aber Bant hatte nun mal das Primat und den »Ruf«. Er färbte bisweilen auf das ganze Jadegebiet ab. Eine auswärts wohnende Mutter, deren Sohn als Handwerker in der Jadestadt arbeitete und der als Sozialdemokrat in Wilhelmshaven hoch geehrt worden ist, ist nie nach Wilhelmshaven gekommen; sie mochte diese Stadt nicht, wo »die Sozialdemokraten wohnen«. Bismarck mochte sie auch nicht. Er setzte ja das Sozialistengesetz durch, und kurz vor seinem Ausscheiden als Reichskanzler hatte er 1889 noch den Gesandten Graf Eulenburg beauftragt, in Oldenburg die Zustimmung dazu einzuholen, über Bant und das ganze Jadegebiet den »Kleinen Ausnahmezustand« zu verhängen. Das hätte bedeutet, daß man unliebsame Personen, wie vor allem Paul Hug, aus Bant hätte ausweisen können. Die Oldenburgische Regierung war den Sozialdemokraten gegenüber viel gelassener als Bismarck, dessen Wunsch dann auch schon wegen seiner Entlassung nicht mehr realisiert werden konnte. Doch wurde auch in Oldenburg das »rote Bant« genau beobachtet, und das färbte derart ab, daß man gleich alles, was Wilhelmshaven und seine Nachbargemeinden betraf, mit Reserve und Abneigung betrachtete.

Da geschah es einmal, daß ein Verein aus dem Jadegebiet, es mochte wirklich ein Banter gewesen sein, einen Ausflug in den Forst Upjever machte. Das frische Grün der Bäume verlockte die Frauen, sich einige Zweige davon mitzunehmen, um sie zu Hause in die Vase zu stecken. Daß das eigentlich Waldfrevel war, ist ihnen gewiß nicht in den Sinn gekommen. Die Forstarbeiter, die das beobachteten, riefen empört durch den Wald: »Ji verdammten Banter Wiver!«

Die Sache wurde auch dem Großherzog von Oldenburg berichtet, der das offenbar sehr ergötzlich fand und es gerne in froher Runde zum besten gab. Dadurch erfuhr es auch unser Hauptlehrer, der es sich nicht verkneifen konnte, uns Jungen und Mädchen der achten Klasse davon zu erzählen. So wurde uns über das (schlechte) Beispiel der »Banter Wiver« gelehrt, was man in einem Walde nicht tun soll.

Wenn der oldenburgische Großherzog an die Jade kam, galt sein Besuch ausschließlich der Marine. Aber einmal war es der 1882 gegründeten neuen Kirchengemeinde Bant doch gelungen, ihn zu einem Besuch in Bant zu bewegen. Das geschah zur Grundsteinlegung für die Banter Kirche an der Werftstraße am 7. Juni 1899. Der damalige Banter Pastor Heinrich Ibbeken hat das geschildert. Der Großherzog schien anfangs Bedenken gehabt zu haben der Sozialdemokraten wegen; sie könnten ihrer Abneigung gegen ihn allzu deutlich kundtun, er wollte nicht der Urheber irgendwelchen Mißklangs sein (und sich auch selbst nicht ärgern müssen). Aber siehe. Um noch einmal die »Banter Wiver« herbeizuholen: sie standen mit ihren Kindern an der Straße und hoben sie hoch, um ihnen den Landesvater, der er nun einmal war, zu zeigen. Und ob solcher friedlichen Harmonie legte, wie Ibbeken geschrieben hat, der Großherzog schnell seine »Zurückhaltung« ab und wurde »fröhlich« unter den Bantern.

Die Musik zu dieser Grundsteinlegung stellte die Beilschmidtsche Kapelle. Sie war praktisch das Aushängeschild von Bant. Carl Beilschmidt, der vorher dem Marinemusikkorps von Musikmeister Latann angehört hatte, Geiger und Klarinettist, hatte sie 1887 gegründet. Seiner Kapelle gehörten bis zu 27 »Gehilfen« an. Die Kapelle hatte gut zu tun und spielte auch bei vielen öffentlichen Anlässen, gab Konzerte an der Eisbahn auf dem Ems-Jade-Kanal, gab Platzkonzerte vor dem Banter Rathaus, auch bei manchem Festessen war es musizierend dabei, so bei der Eröffnung des »Colosseum«. Als Carl Beilschmidt 1915 verstarb, trug man ihn unter den Klängen des Musikkorps von Friedrich Wöhlbier zu Grabe, und Obermusikmeister Richard Rothe sandte seinen letzten Gruß vom Schlachtfeld in Flandern.

Die Banter waren auch im Kommunalwesen rührige Leute, sie sahen auf Fortschritt, förderten die Gerbrechtsche höhere Lehranstalt und sorgten für ein gedeihliches Schulwesen. Auch der Gesundheit war man sehr zugetan. Als 1892 in Hamburg die Cholera wütete und in Wilhelmshaven vorsorglich eine Choleravbaracke auf dem Friedrich-Wilhelm-Platz aufgestellt wurde, beauftragte der Gemeinderat in Bant sein Mitglied Paul Hug, die Desinfektion in den Häusern der Gemeinde durchzuführen. Das war verhältnismäßig einfach. Paul Hug besorgte sich einen Handwagen, eine Tonne für das Desinfektionsmittel und ein paar Schöpfkellen und zog damit durch die Gemeinde. Ob das ausreichend gewesen wäre? Es gab jedenfalls in Bant keinen Cholerakranken. Als 1885 an der Werftstraße ein Haus völlig niederbrannte, weil der Brandmeister der Werftfeuerwehr diese erst einsetzen wollte, nachdem der Oberwerftdirektor das genehmigt hatte, entschlossen sich die Gemeindevertreter, eine eigene Freiwillige Feuerwehr zu gründen – mit der Werftfeuerwehr gab es hernach aber keine Panne mehr, sie war immerhin noch immer schneller zur Stelle, wenn es in Bant brannte, doch auch die Banter Feuerwehr konnte manchen erfolgreichen Einsatz durchführen, sogar bei einem Brand in einem der ersten Kinos im größten Wohnhaus Bants, dem »Banter Schloß« an der Mellumstraße. Und schließlich war man auch um eine Wasserversorgung bemüht, für die im Stadtteil Sedan ein (inzwischen abgebrochener) Wasserturm errichtet wurde.

Aus einer noch kleinen Gemeinde wuchs Bant sehr schnell an mit der Entwicklung von Marine und

Werft. 1900 hatte es mehr als 15000 Einwohner, 10 Jahre später schon 23750. Sie hätte eigentlich schon längst Stadt werden müssen, wie Heppens im Jahre 1907, aber in Oldenburg wollte man nicht so, wie es die Banter wünschten. Immerhin wurde es 1902 Sitz eines Amtes (des neu ins Leben gerufenen oldenburgischen Amts Rüstringen) und eines Amtsgerichts. 1911 kam zusammen mit Heppens und Neuende die Stadt Rüstringen zustande, aber noch unter der Aufsicht eines Amtshauptmanns als »Sicherheitsfaktor«, und erst 1919 wurde Rüstringen eine selbständige Stadt. Die Aktivität der Banter blieb auch in der Stadtgemeinde Rüstringen in großem Umfange tonangebend. In Bant hatte man gelernt, Kommunalpolitik zu treiben, und die Heppenser trugen ihren Anteil dazu bei nicht zuletzt durch den in der Finanz- und Grundstückspolitik gewiegten, dem Theater, der Kunst und der Kultur zugewandten liberalen Bürgermeister Dr. Erich Lueken.

Der Alinenhof an der Kirchreihe und die Müllers

Die Wilhelmshavener Kirchreihe gehört zu den mittelalterlichen Deichen am Südufer der einstigen Maadebucht. Früher lagen an diesem an manchen Stellen noch erkennbaren Deich mehrere Bauernhöfe. Der Weg, der am Deich entlangführt und Heppens mit Neuende verbindet, ist an verschiedenen Stellen immer noch beschaulich genug, wenn in den letzten Jahren auch vieles an ihm verändert worden ist. Der östliche Teil gehört heute zum Heppenser Villenviertel und ist zur Straße geworden, und Heppens baute an ihr die Lutherkirche. An seinem westlichen Ende ist der Stadtteil Wiesenhof an ihn herangerückt, und auch das neue Sportforum sowie der 1982 eingeweihte Festplatz der Stadt hat in seine Idylle eingegriffen.

Alte Wilhelmshavener erinnern sich noch gern des Kirchpfades, der im Zuge der Kirchreihe von Heppens nach der Neuender Kirche führte. Als die Kolonie Siebethsburg sich noch in ihren Anfängen befand, führte dieser Steinpfad durch das Weideland zwischen der Siebethsburger Straße und der Schaarreihe. Zwar erstand auf diesem Gebiet im Jahre 1912 die Wasserturmschule, zu der dann ein Schulpfad hingeführt wurde, aber lange noch standen die Kühe von Antonshausen und dem Alinenhof am Wege, wenn wir Siebethsburger von Siebethsburg aus zur Kirche gingen und die Bürger Wilhelmshavens den Pfad zu einem gemütlichen Sonntagsnachmittagsspaziergang zu »Mutter Eucken« benutzten. Rechts des Steinpfades zog sich ein Graben hin, der sich bei der Landstelle Alinenhof zu einer Graft verbreiterte, in kalten Wintern eine schöne Eisbahn.

Zwischen Kirchreihe und dem Steinpfad lagen Bauernhöfe und kleine niedrige Wohnhäuser, jedes von einem großen Garten umgeben, und mancher Siebethsburger Junge von damals weiß noch zu erzählen, wie er im ausgehenden Sommer einen Sprung über die Gräben wagte zu den so verlockenden Apfel- und Birnbäumen. Die Graft beim Alinenhof war allerdings für einen solchen Sprung zu breit. Beim Alinenhof führte der Steinpfad über den Alinenhofer Weg, der die Kirchreihe mit der Bismarckstraße und dem Stadtteil Sedan verband, und setzte sich dann im Weideland fort. 1938 wurde das Weideland mit den von Fritz Höger entworfenen Wohnhäusern des »Bauvereins Rüstringen« bebaut, und neuerdings ist die weitere Bebauung dicht an die

Neuender Kirche herangeführt worden. Der alte Steinpfad ist verschwunden und auch der Pastorenweg von der Bismarckstraße zur Kirche.

Wir standen als Jungen oft vor dem Zwiebelturm des Alinenhofes, dessen rote Ziegel in der Sonne glänzten. Der Hof kam uns wie ein kleines Schloß vor, es war für uns eine andere Welt, zumal ja auch die Graft so breit war. Dann kam es auch wohl vor, daß wir uns darüber stritten, wer denn eigentlich der Goldmüller war und wer der Silbermüller. Neben dem Alinenhof lag noch ein zweiter Bauernhof, aber etwas bescheidener in seinem Äußeren, ohne Zwiebelturm. Für uns wohnte dann im Hause mit dem Zwiebelturm der Goldmüller, der andere war nur der Silbermüller. Daß im Alinenhof der Ökonomierat Hinrich Müller wohnte und in Antonshausen, so hieß der andere Bauernhof, der Landwirt Wilhelm Müller, wußten wir noch nicht und hätte uns auch kaum sonderlich interessiert. Der Ökonomierat genoß in der jeverländischen Landwirtschaft großes Ansehen, und Wilhelm Müller bekleidete im Rüstringer Magistrat das Ehrenamt eines Ratsherrn.

Aber woher kam nun der landläufige Ausdruck Goldmüller. Da muß ich etwas weiter zurückgreifen. Weder der Alinenhof noch Antonshausen gehörten anfangs der Familie Müller. Als die Müller in dieses Gebiet kamen, erwarben sie einen Bauernhof im früheren Distrikt, der zur Banter Wierth gehörte. Es war Wilhelm Müller aus Horsten, der 1811 auf der Landstelle seßhaft wurde, die dort lag, wo sich heute die Mozart- und die Marktstraße kreuzen. Die Bauernstelle, die etwa 30 ha umfaßte, lag am Wege, der vom alten Bant nach Kopperhörn führte. Als Preußen 1853 daran ging, die Landstellen in Heppens aufzukaufen, ging der Aufkäufer an der Müllerschen Landstelle vorbei. Sie war nicht verkäuflich, weil der damalige Erbe Anton Müller noch minderjährig war. Anton Müller war der Sohn des Landwirts Hinrich Lorenz Müller, der nach dreimaliger Ehe verstarb und einen minderjährigen Jungen aus seiner ersten Ehe hinterließ. Die Landstelle und das dazugehörige Land wurden schließlich doch verkauft, aber etwas später und zu einem noch höheren Preis, als er um 1853 erzielt worden wäre. Aus dem Erlös konnte Anton Müller mehrere Landstellen in Neuende kaufen, darunter auch den Alinenhof und Antonshausen. Kein Wunder, daß jener Anton Müller unter dem Namen »Goldmüller« volkstümlich wurde.

Aus der Ehe von Anton Müller, die er 1867 schloß mit einer Bauerntochter aus Kopperhörn, gingen der spätere Ökonomierat Hinrich Müller auf Alinenhof und der Landwirt und Ratsherr Wilhelm Müller aus Antonshausen hervor, an dem Antonshausener Müller blieb die Bezeichnung Goldmüller haften. Hätten wir das damals als Kinder schon gewußt, die über den Steinpfad nach Neuende trippelten, dann wäre unser Streit darüber, wer denn eigentlich der Gold- und wer der Silbermüller war, müßig gewesen. Aber man muß eben älter, um auch klüger zu werden.

Als es in Wilhelmshaven-Rüstringen noch die Grenzpfähle gab

Die Grenzen müssen einmal in Erinnerung gebracht werden, die von 1854 bis 1937 sich kreuz und quer durch die Stadt an der Jade hinzogen, gradlinig und mit etlichen Kurven. Sie dokumentierten, daß die beiden Jadestädte Wilhelmshaven und Rüstringen zu zwei recht unterschiedlich verwalteten selbständigen Ländern gehörten. Als 1853 zwischen Oldenburg und Preußen der Vertrag über die Abtretung eines Teiles des Jadegebiets abgeschlossen wurde, war man ja noch weit entfernt von »deutscher Einigkeit«. Wie argwöhnisch verfolgte doch noch das Königreich Hannover Preußens Flottenpläne an der Nordsee, wie mühsam war man noch beschäftigt mit der Vervollständigung des »deutschen Zollvereins«, wie »streng geheim« mußten Preußen und Oldenburg noch die Verhandlungen führen. Erst 1866 kam der »Norddeutsche Bund« zustande, und erst vom 18. Januar 1871 ab gab es ein »Deutsches Reich«, wenn auch Österreich diesmal nicht daran beteiligt war.

Das Gebiet, das im Jahre 1853 Oldenburg an Preußen für die Anlage eines preußischen »Marine-Etablissements« abgetreten hatte, erwies sich schon recht bald als viel zu klein, weshalb 1864 eine Vergrößerung des preußischen Teils vereinbart wurde, die aber erst am 1. April 1873 in Kraft trat. Das brachte für das erweiterte Gebiet fast 10 Jahre hindurch manche Unsicherheit mit sich, weil Oldenburg für diese Zeit noch das Hoheitsrecht über ein Gebiet ausübte, über das Preußen praktisch, also nur de facto, verfügen konnte. Die Grenze von 1853, die mit dem Akt der Abtretung im November 1854 wirksam wurde, begann im Süden am Jadebusen in der Nähe des alten Banter Friedhofes (Banter Ruine), sie verlief dann bis zur heutigen Virchowstraße, überquerte den Bahnhofsvorplatz, die Bahnhof- und Marktstraße (alles war damals noch Weideland, und die Straßennamen dienen nur zur heutigen Orientierung) und ging auch mitten durch den heutigen Kurpark, östlich der Gökerstraße auf der jetzigen Flensburger Straße entlang und dann nordöstlich weiter in mehreren Kurven bis nahe an den Altendeichsweg und hier an den Heppenser Deich. Sie ließ noch die »Observatoriumswurt« auf oldenburgischem Gebiet.

Als der preußische Fiskus 1869/70 mit der Anlage des Parkes begann, hatte er es mit Grundstücken zu tun, die zu zwei »Territorien« gehörten. So lag z. B. das Gebiet der heutigen Bremer Straße zwischen Virchow- und Grenzstraße noch auf oldenburgischem Boden, sollte aber mit in den Park eingegliedert werden, was damit vereitelt wurde, daß die Eigentümerin der Grundstücke diese an Arbeiter verkaufte, was an anderer Stelle schon geschildert wurde. Zwar lag schon gesetzlich fest, daß das Gebiet einst zu Preußen gehören sollte, die Betreffenden waren aber noch oldenburgische Untertanen, und, so beklagte sich das Königliche Admiralitätskommissariat in seinem Schreiben an das Marine-Ministerium in Berlin am 31. März 1870, diese Untertanen »beachteten die Rayongesetze einfach nicht«, und sie würden von der Oldenburger Regierung auch nicht »zur Befolgung derselben gehalten«, so daß »immer mehr Bauten in der Festungs-Region und in der Festung selbst« entständen. Trotz des Hinweises auf die Gesetze habe einer sogar »zur Winterzeit ein Haus gebaut, ohne von oldenburgischer Seite daran gehindert zu werden«.

Als am 1. April 1873 die neue Grenze auch juristische Gültigkeit erhielt, hatte der Stadtteil Lothringen schon unabänderlich seine Existenz gesichert, und die Bewohner sonnten sich in dem Gefühl, am Park zu wohnen, nunmehr als preußische Untertanen.

Die neue Grenze war nach Westen und Norden hinaus verlegt worden. Sie verlief auch etwas gradliniger als die alte Grenze. Sie machte in der Nähe des heutigen Schlachthofes und am Bahnübergang Metzer Weg noch einige Haken und verlief dann weiter nördlich in gerader Linie zwischen Kieler und Grenzstraße, hinter den Häusern an der Grenzstraße zur damaligen Mariensieler Chaussee, der heutigen Bismarckstraße, und dann nördlich an ihr entlang, überquerte die Gökerstraße zwischen Ulmen- und Margaretenstraße, ging beim Altenheim Lindenhof durch das (natürlich viel später gebaute) Inselviertel, also hart an der Heppenser Dorfwurt vorbei, und erreichte den Heppenser Deich 400 m nördlich der Observatoriumswurt, so daß das Observatorium auf preußischem Gebiet errichtet werden konnte.

Auch die neue Grenze hatte noch verschiedene rund um das preußische Gebiet entstandene Stadtteile unter oldenburgischer Staatshoheit belassen. Diese Stadtteile waren alle kurz nach dem Kriege 70/71 entstanden und hatten daher ihren Namen bekommen nach Orten, die in dem deutsch-französischen Kriege als Landschaften und Städte bekannt geworden und in »aller Munde« waren. Sie hießen Elsaß (heutige Markt-, Bahnhof- und Börsenstraße zwischen Virchow- und Mozartstraße), Lothringen (heute Bremer Straße zwischen Göker- und Mozartstraße), die preußisch geworden waren, Metz (am heutigen Bahnübergang Metzer Weg), Sedan (heute Bismarckstraße/Schützenstraße zwischen Werftstraße und Banter Weg), Belfort (die Banter Werfthäuser), und es kamen dann noch hinzu auf preußischem Gebiet Colmar und Straßburg mit den heute noch zum Teil vorhandenen Wohnhäusern für Beamte und Deckoffiziere an der Weserstraße und Rheinstraße.

Mit dem Inkrafttreten der neuen Grenze erhielten 1873 die Grenzpfähle ihren endgültigen Platz. Man sah sie an verschiedenen Stellen, so auf der Börsenstraße nahe der Grenzstraße, die ja dann auch nach der Grenze ihren Namen erhielt, als sie in den 80er Jahren angelegt wurde, so auf der Schulstraße nahe der Bismarckstraße, so am Metzer Weg und auf der Gökerstraße in der Nähe des Saallokals »Tivoli«, der späteren »Deutschen Lichtspiele«, so auf dem Schwarzen Weg nahe der späteren Kreuzung Saarbrücker Straße/Halligenweg. In wenigen Metern Abstand standen sie getreulich nebeneinander, der preußische Grenzpfahl in schwarz-weißer Farbe mit dem preußischen Wappen, der blau-rote Oldenburger mit dem oldenburgischen Wappen. Ein kleiner Sprung genügte, um von einem Land ins andere zu kommen, ohne Paßkontrolle zwar, aber manchmal auch nicht ohne rechtliche Folgen. Die preußische Polizei konnte nur tätig werden auf preußischem, die oldenburgische nur auf oldenburgischem Gebiet. Der Dieb also, der beispielsweise auf dem preußischen Teil der Börsenstraße verfolgt wurde, konnte sich durch schnellen Lauf ins Oldenburgische retten, denn der preußische Schutzmann mußte an der Grenze seine Verfolgung aufgeben. Und so viele Schutzleute und oldenburgische Gendarme gab es nicht, daß ständig je einer von ihnen an den Grenzen postiert werden konnte. Im Oldenburgischen wurde auch manches großzügiger gehandhabt als in Preußen, zum Beispiel die Demonstrationen der Sozialdemokraten am 1. Mai. In Preußen waren sie verboten, in Bant und Heppens durften die Arbeiter am 1. Mai marschieren. Eines ihrer Versammlungslokale war in Heppens an der Gökerstraße das »Tivoli«. Auf dem nahen preußischen Gebiet hatte sich die preußische Schutzmannschaft befehlsgemäß postiert, damit sich die Arbeiter nicht ins preußische Wilhelmshaven »verliefen«. Einmal, 1913, geschah das doch und es gab einen blutigen Zusammenstoß, denn es gab ja noch die Methode des »blankziehens«, des Säbels nämlich. Die preußischen Schutzleute trugen ihn ebenso wie die oldenburgischen Gendarme. Der »Grenzzwischenfall« am 1. Mai 1913 brachte manchem Teilnehmer nicht nur blutige Wunden, sondern mehreren auch einen Prozeß ein, der allerdings mit Freisprüchen endete.

An verschiedenen Stellen ging die oldenburgisch-preußische Grenze durch die Häuser und Wohnungen. Wer es so einrichtete, konnte mit dem Kopf auf preußischem, mit den Beinen auf oldenburgischem Gebiet (oder umgekehrt) schlafen. Auch steuerliche Auseinandersetzungen blieben nicht aus.

Als 1911 die oldenburgischen Gemeinden zur Stadt Rüstringen vereinigt worden waren, standen sich im Jadegebiet zwei buchstäblich »ineinandergewachsene«, um nicht zu sagen, in sich verschlungene Städte gegenüber: Wilhelmshaven und Rüstringen, zwei »Schwesterstädte«. Sie waren durchaus nicht immer einer Meinung, wenn auch die Verhältnisse und ein gewisses Maß an Klugheit zu manchem gemeinsamen Tun und gemeinsam übereinstimmenden Beschlüssen der Stadtverwaltungen und -vertretungen geführt haben. Freilich, als man immerhin darin übereinkam, eine Straßenbahn einzurichten, gab es die Wilhelmshavener Straßenbahn mit weißen Wagen, die Rüstringer mit gelben Wagen, woraus dann die ominöse Bezeichnung »die gelbe Gefahr« entstand, zumal die »Jadestädter« sich im Verkehr zunächst an die »rasenden« und klingelnden Wagen gewöhnen mußten. Die Gründung der Straßenbahn, die im März 1913 ihren Betrieb aufnahm, war eine »schwere Geburt«. Auf der Rüstringer Seite war man anderer Meinung über den Bau der Anlagen wie auf der Wilhelmshavener. Der Wilhelmshavener Kommunalverwaltung war der Ruf eigen, möglichst Geld zu sparen, auf der Rüstringer war man großzügiger, allerdings in der Absicht, auch die Gewinne einstekken und über den Betrieb selbst entscheiden zu können. Als Wilhelmshaven, des Hin und Her überdrüssig, schließlich mit einer Kleinbahngesellschaft einen Vertrag abschloß, mußte der Rüstringer Amtsverband, der damals für die Sache zuständig war, auch einen abschließen. Zwei Verträge dokumentierten nun den »jadestädtischen Dualismus« in Reinkultur. Daß es eine »gemeinschaftliche« Anlage wurde, war nicht auszuschließen, aber die Unkosten wurden im Verhältnis der gestellten Wagen (zunächst 3:1) auf beide Parteien verteilt, und so ergaben sich für die Wagen zwei Bezeichnungen und zwei Farben. 1908 veranlagte die Stadt Wilhelmshaven einen Heppenser Bürger zur »Erkersteuer«, weil der Erker seines auf Heppenser Gebiet stehenden Hauses in die Wilhelmshavener Luft hineinragte.

Als 1914 der erste Weltkrieg ausbrach, machte sich erneut das Dilemma zweier Städte für ein zusammenhängendes Gebiet geltend, dazu kam noch, daß die Dienststellen der Kaiserlichen Marine, vor allem die Wilhelmshavener Kommandantur in beiden Städten mitzureden und mitzubestimmen hatte. Es ergaben sich mancherlei Unzuträglichkeiten, da es in Preußen in verschiedenen Dingen andere Bestimmungen gab als im Oldenburgischen. Das betraf vor allem die Versorgung der Bevölkerung, so daß die Einwohnerschaft beider Städte den Dualismus wiederum selbst »mitleidend« erlebte. 1915 ging es damit los, daß in Preußen sämtliche Mehlvorräte beschlagnahmt wurden. Rüstringen hatte sein Mehl auf preußischem Gebiet lagern. Schleunigst setzte die Verwaltung alle Wagen der Müllkippe ein, um in einer »Nacht-und-Nebel-Aktion« das Mehl vom Wilhelmshavener ins Rüstringer Gebiet zu schaffen. 1916 schloß Rüstringen die Wilhelmshavener von der Essenausgabe in den »Kriegsküchen« aus, die Stadt Wilhelmshaven verbot den Rüstringern den Einkauf auf dem Wilhelmshavener Wochenmarkt auf dem Bismarckplatz, Rüstringen mußte einen eigenen an der Gökerstraße einrichten. Auf Veranlassung des Wilhelmshavener Magistrats durfte (wenn auch nur für einige Zeit) die auf Wilhelmshavener Gebiet gelegene (gemeinsame) Gasanstalt Koks nur an Wilhelmshavener ausgeben. In Rüstringen war es zunächst mit der Brotversorgung besser bestellt als in Wilhelmshaven. Doch als hier die Brotkarte eingeführt wurde, mußte Rüstringen nachziehen, damit die Wilhelmshavener nicht in Rüstringer Brotgeschäften einkaufen gingen zur Verbesserung ihrer Versorgung. Im Oktober 1916 gab es in Rüstringen noch Wurst ohne Karten, Wilhelmshavens Bürgermeister erklärte öffentlich, das sei »ungesetzlich«. Auch die Fleischrationen waren in Rüstringen höher als in Wilhelmshaven. Der Festungskommandant, der sich in die verschiedenartigen Verpflegungssätze einzumischen versuchte, kam auch nicht weit damit. Das oldenburgische Ministerium mußte ihm antworten, die in Oldenburg zur Verfügung stehenden Lebensmittel könnten nicht zur Verpflegung der »preußischen Wilhelmshavener« herangezogen werden. Die Kaiserliche Werft beklagte sich wegen dieser Diskrepanz beim Staatssekretär des Reichsmarineamts, aber auch der konnte der »gereizten Stimmung unter den Arbeitern« nicht abhelfen.

Nun hätte man glauben sollen, durch die Revolution von 1918 würde eine Änderung in dem mißlichen Dualismus herbeigeführt werden, entweder durch eine Vereinigung der Jadestädte, die schon 1918 der zeitweilige Revolutionspräsident von Oldenburg-Ostfriesland Paul Kuhnt erwog (ohne sie durchzuführen), oder durch die einkehrende »bessere Vernunft«. Das aber stellte sich als großer Irrtum heraus, wenn die beiden Stadtverwaltungen sich auch über die gemeinsame Gründung der »Wilhelmshaven-Rüstringer Industriehafen- und Lagerhausgesellschaft (WRIHALA)« in einer bedeutungsvollen Sache einig wurden. Dafür gab es kleinere Dinge, um Uneinigkeit zu demonstrieren. Ein treffendes Beispiel war die Pflasterung der Grenzstraße. An der Einmündung dieser Straße in die Bismarckstraße lief die oldenburgisch-preußische Grenze quer über die Straße. 1925 wollte die Stadt Rüstringen die Straße neu pflastern. Sie machte der Nachbarstadt den Vorschlag, auch den zu Wilhelmshaven gehörenden Keil mit zu pflastern, wenn Wilhelmshaven die Kosten erstatte, die nur geringfügig waren. Aber in Wilhelmshaven dachte man anders. Einmal, so meinte man dort, läge ein öffentliches Bedürfnis für eine Neupflasterung nicht vor, zum anderen gehöre dieses Straßenende einem privaten Anlieger, dem Kaufmann Gemeinwieser. Die Stadt Rüstringen solle sich mit diesem einigen. Dazu sah Rüstringen nun keinen Anlaß, und so kam es, daß Rüstringen nur sein eigenes Dreieck pflasterte. Durch die Verschiedenartigkeit des Pflasters wurde so die Grenze nicht allein durch Grenzpfähle, sondern viel genauer noch durch den im Pflaster zu erkennenden Grenzstreifen, auf dem man entlanggehen konnte, gekennzeichnet.

Das Döntje von einem »schwierigen Fall« an der Grenze erzählt Heinz Jacobs in »Schmunzelndes Schlickazien«. Da hatte sich abends ein Betrunkener zwischen den beiden Grenzpfählen an der Gökerstraße hingelegt und war entschlummert. Zwei Polizeibeamte trafen sich an der Grenze, ein preußischer Schupo- und ein oldenburgischer Orpo-Beamter. Mit dem Kopf lag der Betrunkene auf oldenburgischem, mit den Beinen auf preußischem Gebiet. In den Disput, wer von beiden nun den Mann zur Wache mitnehmen mußte, damit er dort seinen Rausch ausschlafe, mischte sich ein im Lateinischen beschlagener Passant ein, der den Knoten löste. Es heiße doch ubi bene – ibi patria, also wo die Beine liegen, ist sein Vaterland. Und das sollen die beiden Beamten denn auch akzeptiert haben, und der preußische Schupo hatte die Mühe, den (freilich nicht gerade stämmigen) Trunkenbold zur Wache zu schleppen.

Als 1933 beide Städte je einen Oberbürgermeister erhielten, die der gleichen Partei angehörten, stellte sich schnell heraus, daß nicht einmal diese einer Meinung waren und die Mißhelligkeiten zwischen beiden Städten in alter, zum Teil sogar in verstärkter Form, weiterlebten, bis schließlich das Groß-Hamburg-Gesetz 1937 die beiden Jadestädte zusammenlegte. Die alten Oberbürgermeister mußten ausscheiden, ein neuer trat an ihre Stelle. Aber noch nach dem zweiten Weltkriege, als das Stadtgartenamt daran ging, den Friedrich-Wilhelm-Platz ein wenig auszulichten, hörten wir von einer Wilhelmshavenerin, die einstmals auch dem städtischen Kollegium angehört hatte: »Die Rüstringer zerstören den Wilhelmsplatz«, womit sie in ihrer (vielleicht verständlichen) Trauer um das Fehlen einiger Sträucher ihrem alten Zorn gegen die Rüstringer Ausdruck verlieh, zumal ja auch das einstmals Rüstringer Rathaus nun zum »Wilhelmshavener Rathaus« aufgerückt war, während das Wilhelmshavener Rathaus Polizeipräsidium wurde. Jener Ausspruch in den 50er Jahren ist nun allerdings wohl ein letztes Aufflackern einstiger Empörung gewesen, der zuzeiten Rüstringer wie Wilhelmshavener im gegenseitigen Wettbewerb Ausdruck verliehen haben, denn es ist die Zeit angebrochen, da in der Wilhelmshavener Stadtverwaltung die alten »Rüstringer« wie die alten »Wilhelmshavener« in den wohlverdienten Ruhestand gehen und es künftig nur noch eine Couleur gibt, den Wilhelmshavener Beamten.

War Rüstersiel einst eine Hallig?

Zu der Zeit, als der 1698 auf dem Neuender Friedhof begrabene »ehr- und achtbare und wohlvornehme« Rüstersieler Schiffer Iddo Peters mit seiner (auf dem Grabstein nachgebildeten) Tjalk im Rüstersieler Hafen lag, war Rüstersiel als Sielort gerade 150 Jahre alt geworden, er hatte aber doch schon viel erlebt.

Nachdem im Januar 1511 die Antoniflut noch in der offenen Maadebucht sich hatte ausbreiten können, in der Hauptsache aber den Jadebusen ausgeweitet und große Schäden an den Deichen angerichtet hatte, war es 1520 gelungen, die Maade durch einen Deich abzuriegeln. Die Maade wurde damit zu einem Binnentief, das durch ein Siel in die Jade abgeleitet wurde. Am Siel entwickelte sich ein Hafen, der für Heppens, Neuende und auch für die Herrlichkeit Kniphausen Bedeutung gewann.

Die Maade hatte schon im Mittelalter als Grenze gedient zwischen den Gauen Rüstringen (späteren Rüstringer Viertel Bant) und Östringen und schließlich auch zwischen Neuende auf dem Rüstringer Gebiet und der Herrlichkeit In- und Kniphausen nördlich der Maade. Am Maadesiel stießen die Grenzen aneinander. Die Grenze wurde auf dem Deich durch einen hölzernen Pfahl markiert. Die Untertanen, die sich hier ansiedelten, unterschieden sich in ihrer Staatsangehörigkeit als Kniphauser und als Jeverländer. Der erste 1520 erbaute Siel lag sogar im Hoheitsgebiet der Herrlichkeit Kniphausen. Als einfacher Sielbau aus Holz wurde er in der Allerheiligenflut im November 1570 zerstört und in den folgenden beiden Jahren erneuert. Nicht lange danach, Anfang des 17. Jahrhunderts, wurde er erneut herausgerissen. Das Jeverland war inzwischen oldenburgisch geworden. Kniphausen beharrte noch auf seiner Selbständigkeit. Es erneuerte nun die Sielanlage, aber die Oldenburger legten daneben auf jeverländischem Gebiet einen zweiten Siel an. Auf diese Weise entstand etwa um 1607 im Unterschied zu dem von den Kniphausern wiederhergestellten Siel der Rüstringer Siel. So kommt es, daß auf dem Neuender Grabstein von Iddo Peters vom Rüstringer Siel die Rede ist, während wir auf alten Fedderwarder Grabsteinen die Namen von Schiffern und Kaufleuten auf dem Kniphauser Siel lesen, auch noch zu einer Zeit, als es eine Kniphauser Sielanlage überhaupt nicht mehr gab, aber der Name an dem auf Kniphauser Gebiet liegenden Ortsteil haftenblieb und noch lange haftengeblieben ist.

Sehr lange hat der vielleicht nur notdürftig wiederhergestellte Kniphauser Siel nicht gehalten. 1625 wurde er erneut zerstört. Das geschah also in der Zeit des Dreißigjährigen Krieges. In der etwa bis dahin von den Kniphausern mit ostfriesischer Unterstützung gegen Oldenburg behaupteten Selbständigkeit war inzwischen eine Änderung eingetreten. In dem von Maria von Jever schon 1548 gegen die ostfriesischen Ansprüche auf Kniphausen und zur Wahrung ihrer Rechte auf dieses Gebiet beim Reichskammergericht eingeleiteten Prozeß war erst nach dem Tode Marias 1592 das Endurteil dahin ergangen, daß die Ansprüche Marias von Jever, die sich auf den Oldenburgischen Grafen Johann XVI. vererbt hatten, anerkannt wurden. Die Vollstreckung des Urteils konnte Graf Johann nicht durchsetzen wegen der von den damaligen Freiherrn von In- und Kniphausen eingelegten Rechtsmittel. Erst 1623 gelang es Johanns Nachfolger, dem Grafen Anton Günther, einen Kaiserlichen Befehl zu erhalten, mit dessen Hilfe er sich in den Besitz der Kniphauser Herrlichkeit setzen konnte. So bestand denn 1625 nicht die Notwendigkeit, den herausgerissenen Kniphauser Siel zu erneuern. Es blieb daher nur beim Rüstringer oder Rüster Siel als einziger Sielanlage. Der Hafen des Kniphauser Sieles wurde, was auch eine Karte im Staatsarchiv Oldenburg ausweist, zugedeicht.

Die Karte von 1625 zeigt noch beide Sielanlagen. Man erkennt auf dieser Karte auch zwei nebeneinander herlaufende Binnentiefs. Hier ergeben sich noch ungeklärte Fragen, vielleicht auch die, ob damals neben der Maade noch die Heete ein selbständiges Tief war oder ob für den Rüstringer Siel im Jahre 1607 ein zweiter Maadeabfluß geschaffen worden ist.

Dazu kommt eine andere wichtige Frage; sie ergibt sich schon aus der Möglichkeit, 1520 die verhältnismäßig breite Öffnung der trichterförmigen Maadebucht zuzudeichen, die Frage nämlich, wie weit es immer in der Maadebucht trocken liegende Plätze gegeben hat, worauf auch ältere Wurten hindeuten. Die Entstehungszeit mancher Maadedeiche ist noch unklar. Die Vermutung erscheint gerechtfertigt, ob Rüstersiel vor 1520 den Charakter einer Hallig gehabt haben mag.

Doch kehren wir zurück in die Zeit des Schiffers Iddo Peters. Er erlebte es noch, daß der Rüstringer Siel im Jahre 1689 wiederum erneuert werden mußte. Die Kosten hierfür hatten in der Hauptsache die Rüstringer aufzubringen, aber die Kniphauser aus Fedderwarden und Accum mußten 1000 Taler mit beisteuern. Von diesen Lasten waren nicht einmal die Kniphauser Burglande und das Kniphauser Grashaus befreit. Jener von Meister Gabriel Pape erbaute Siel bestand bis 1729, dann mußte er abermals erneuert werden. Nun blieb er bis 1880 bestehen, um durch eine steinerne Sielanlage ersetzt zu werden, die 214180 Mark kostete.

Diese Zahlen sind schnell aufgezählt, aber nicht

sind in ihnen ausgedrückt die vielen Sorgen, die der Siel den Deich- und Sielgeschworenen und den Bewohnern des Ortes im Laufe der Jahrhunderte gemacht hat, vor allem in mancher schweren Flut, die dem Siel Schaden zufügte und den Ort bedrohte.

Ob bereits zu Lebzeiten Iddo Peters die Rüstersieler Waage bestand, jenes Haus, in das schon 1736 die Schule Kniphausersiel einzog? Die Waage erinnert noch an die Zeit, da Rüstersiel als Hafenplatz Bedeutung hatte. Hier herrschte reger Schiffsverkehr. Landesfrüchte und Getreide, vor allem aber Butter gingen von Rüstersiel nach deutschen, holländischen, englischen und nordischen Häfen; Holz, Steine und was man sonst in der jeverländischen Marsch brauchte, wurden eingeführt. Berichte aus der Zeit vor 100 Jahren sprechen noch von einem starken Hafenbetrieb. Kniphauser Siel und Rüstersiel bildeten mit zusammen 66 Häusern einen ansehnlichen Ort. 1825 war an Stelle eines früheren Erbkruges am Sieltief das Packhaus erbaut worden. Es war zur Lagerung von Getreide bestimmt und wurde später in eine Gastwirtschaft umgewandelt. Noch manches Handelshaus zeugt heute von der einstigen Bedeutung Rüstersiels als Hafenplatz. Wenn wir heute bei Schröder die »schöne Aussicht« auf Hafen und Sieltief genießen, ahnen wir nicht, daß sich an dieser Stelle einmal ein Schiffshelgen befand.

Die Zeiten wandeln sich. Rüstersiel blühte weiter auf, als Wilhelmshaven entstand. Durch den Bau eines Forts bekam es sogar eine gewisse militärische Bedeutung. Es blühte aber auch auf als Seebad und wurde zu einem beliebten Ausflugsziel der Wilhelmshavener. Mehr und mehr umschloß die wachsende Stadt den kleinen Ort.

Nach dem ersten Weltkrieg wurde der Waagegroden eingedeicht. 1938 ging die Zweiteilung des Sielortes in Rüstersiel und Kniphausersiel zu Ende. Die Eingemeindung eines Teilgebietes der Gemeinde Fedderwarden nach Wilhelmshaven beendete, wie ein Jahr vorher auch die Zusammenlegung von Wilhelmshaven und Rüstringen, auch hier den »Dualismus«, der immer noch durch den auf dem Deich stehenden Grenzpfahl dokumentiert wird.

Kurz vor dem zweiten Weltkrieg entstand in Rüstersiel, aber schon auf früherem Kniphauser Boden, ein großes Lager zur Unterbringung von Arbeitern. Nach dem Kriege etablierte sich hier die »Hochschule für Sozialwissenschaften«. Aus dem Sielort wurde eine Stätte der Lehre und Forschung. Die Hochschule blieb nicht, die Anlage dient heute der Bundeswehr. Das Fort Rüstersiel, zum Teil in Trümmer gelegt, wurde das Domizil des Instituts für Vogelforschung »Vogelwarte Helgoland«. Damit ist Rüstersiel eine Stätte wissenschaftlicher Forschung geworden.

Nach dem Bau des neuen Maadesiels in den Jahren 1948–51 sind einige km des früheren Außentiefs zu einem Binnentief geworden. Eine 6 m breite Schleuse hält aber die Verbindung mit dem alten Sielhafen aufrecht. Die alte Sielanlage wurde entfernt, eine Tafel erinnert noch an sie. So haben sich in der jüngsten Zeit hier große Veränderungen vollzogen. Auch das Ortsbild ist davon nicht ungeschoren geblieben, aber einiges ist von seinem alten Charakter noch erhalten geblieben. Gewiß: Das Neue versucht sich überall hervorzudrängen, nicht immer besonders glücklich, das gibt es allerorten. Für die Bebauung der sog. Rüstersieler »Tasche«, einer früheren Weide, hätte man, wenn sie schon geschehen mußte, eine andere Lösung finden können. Vielleicht ist auch zu bedauern, daß einer der markantesten und interessantesten Bauernhöfe, das Kreuzelwerk, so genannt wegen der Anordnung des Wohnteils in Kreuzform, abgebrochen und die Stätte verändert wurde, auf der einst der Kaufmann Eything lebte, dessen Grab auf dem Kirchhof in Fedderwarden ein kunstvoller sarkophagartiger Grabstein schmückt. Was jedoch unverändert geblieben ist und sich erhalten hat, das ist der Lauf der Maade als Binnengewässer.

Wi willt kniphusisch blieven!

Die Burg Kniphausen, der Mittelpunkt der einstmaligen Herrlichkeit In- und Kniphausen, zu der Accum, Fedderwarden, Sengwarden und die Sielorte Inhausersiel und Kniphausersiel gehörten, ist aus ihrem langen Dornröschendasein erweckt und durch die Aufnahme der Restaurierungsarbeiten vor dem drohenden Verfall bewahrt worden. Was von der früheren Häuptlingsburg noch vorhanden blieb, seitdem sie im Jahre 1708 zum großen Teil verbrannte, ist immer noch respektabel und der Erhaltung wert.

Was sich an dieser Stätte seit mehr als 500 Jahren zugetragen hat, ist reich angefüllt mit Verwirrungen, Skandalen, Prozessen, Handstreichen und vielerlei Geschichten, denen das Merkmal des Ungewöhnlichen anhaftet. Sie entbehren zum Teil auch nicht der Heiterkeit. Da wird z. B. gerne jene Geschichte erzählt, die mit dem Korsen Napoleon in Verbindung gebracht wird. Dieser habe sich gewundert (und darüber geärgert), daß man auf der Jade seine Kontinentalsperre gegen England unterlaufe, denn Schiffe mit der Flagge eines Staates Kniphausen liefen unbehelligt den Hafen dieses Staates an. Auf seine Frage, wo denn dieser Staat liege, gab man ihm, mit dem Finger auf die Landkarte zeigend, zur Antwort: »Dort, wo die Fliege gerade etwas hinterlassen hat«. Vielleicht ist das nur eine Anekdote, aber Legenden haben ja ein besonders zähes Leben.

Wie es mit den Geschichten um Kniphausen begann, hat der ostfriesische Historiker Ubbo Emmius im 16. Jahrhundert in seiner Friesischen Geschichte erzählt, die jüngst vom Lateinischen in die deutsche Sprache übersetzt worden ist. Er berichtet über das Jahr 1496, in dem Ostfrieslands Graf Edzard (der Große) Frieden geschlossen hatte mit Edo Wiemken dem Jüngeren in Jever und Hero im Harlingerland. Er fügt hinzu, der Friede habe sonst nichts Erwähnenswertes gebracht, außer »daß in beinahe aufeinanderfolgenden Leichenbegängnissen Iko von Kniphausen und Ede von Bant, die von demselben Vater, nämlich Lubbe Onneken (von Kniphausen), aber von verschiedenen Müttern stammten und wegen der Burg Kniphausen »mehr durch feindliche Gesinnung als durch offenen Streit sich entzweiten«, aus dem Leben geschieden seien.

Mit den »verschiedenen Müttern« hatte es seine besondere Bewandtnis. Ede von Bant war der Sohn der Lubbe Onneken angetrauten Frau. Ikos Mutter war die »böse Benlep« vom benachbarten Inhausen, der als der Geliebten Lubbe Onnekens nachgesagt wird, sie habe mit Gift nachgeholfen, daß Edos Mutter Rieneld die Geburt ihres Kindes nicht überlebte. Benlep schenkte dann Lubbe Onneken auch einen Sohn und verstand es, den jungen Ede, auch »Jung Edo im Bant« genannt, nicht nur von seinem Erbe auszuschließen, sondern ihn an einem Weihnachtsabend, als er von der Christmette in Accum zur Burg heimkehrte, auszusperren, indem sie die Brücke hatte aufziehen lassen, so daß Ede sich »wenenden Oges« nach Jever wenden mußte.

Inhausen war anfangs auch noch ein selbständiger Herrschaftsbereich gewesen. Auch hier spielte ein Giftmord bei der Erbfolge eine Rolle. Dadurch konnte Ikos Sohn Fulf die beiden Herrlichkeiten Inhausen und Kniphausen vereinen und diese unter die Lehnshoheit Ostfrieslands stellen, was dann den langwierigen Prozeß Jevers vor dem Reichskammergericht in Wetzlar auslöste, der schließlich im 17. Jahrhundert Kniphausen in den Besitz des Oldenburger Grafen brachte.

Und wiederum löste ein unehelicher Sohn Verwirrung aus. Des Oldenburger Grafen Anton Günthers Sohn mit Elisabeth von Ungnad erhielt nach dem Tode des Grafen als Anton von Aldenburg außer Varel auch Kniphausen als selbständige Herrschaft mit eigener Verwaltung und Gerichtsbarkeit. Von den Grafen von Aldenburg ging im 18. Jahrhundert Kniphausen durch Heirat in den Besitz der Grafen von Bentinck über. Die Bentincks teilten sich in zwei Linien. Nach dem Ende der napoleonischen Herrschaft, unter der auch Kniphausen in das Französische Kaiserreich eingegliedert worden war, gelang es den Oldenburgern, in Kniphausen zu bestimmen. Es kam zu kriegerischen, wenn auch unblutigen Auseinandersetzungen um die Rechte in Kniphausen, einmal mit den Oldenburgern im Jahre 1815, dann aber im Jahre 1836 zu solchen zwischen den Angehörigen der beiden Bentinckschen Familien. Bei diesen beschränkten sich die Tätlichkeiten in der Hauptsache auf eine Rauferei um den Besitz der Burgschlüssel. Den Streit entschied der Zimmergeselle Klaas Rüschen damit, daß er dem eingedrungenen (englischen) Grafen Karl von Bentinck gewaltsam die Schlüssel wieder abnahm und damit den Knoten zugunsten des Grafen Gustav Adolf von Bentinck löste, eines Sohnes des mit seiner früheren Dienstmagd Sarah Gerdes verheirateten regierenden Grafen Wilhelm Gustav Friedrich von Bentinck. Dieses Grafen Vetter Karl beschimpfte seinen Verwandten bei seinem unrühmlichen Abzug als »außerehelich geborenen angeblichen Sohn«. Jener Vorgang, der sich im Oktober 1836 auf der Burg Kniphausen abspielte, war so belustigend, daß ein Verseschmied daraus ein »historisch-dramatisches Heldengedicht« schrieb mit dem Titel »Kneifhausens Gefahr und Rettung«. Der Dichter dieses »Heldengedichts« zeichnete sein Werk mit den Namen V. E. R. Höhne. Es kam heraus, daß es der in oldenburgischen Diensten stehende Assessor von Beaulieu-Marconnay war, der zwar den Beifall seiner Leser, nicht aber den seiner vorgesetzten Behörde fand.

Was mit Gewalt nicht entschieden war, versuchten die Bentincks beider Parteien in einem Erbfolgeprozeß zu lösen. Die Entscheidung fiel nicht im Prozeß, sondern dadurch, daß das Herzogtum Oldenburg jene 500000 Taler, die es 1853 von Preußen erhielt für die Abtretung des Jadegebiets, dazu benutzte, von den streitenden Bentinckschen Parteien Kniphausen zu erwerben.

Wie das früher so üblich war, wurden die treuen Kniphauser Untertanen nicht gefragt, ob sie nun auch gewillt waren, oldenburgische Untertanen zu werden. Sicherlich waren sie das zum mindesten nicht alle. Denn es ist überliefert, daß damals eine Frau in Fedderwarden mit der Faust auf den Tisch geschlagen und die Worte ausgesprochen haben soll: »Wi willt nich ollnbörgisch wäsen, wi willt kniphusisch blieven!« Genützt hat ihr dieser Zornausbruch nichts. Oldenburg konnte unbeschwert seine ihm schon vom Reichskammergericht im Jahre 1592 zuerkannten Rechte behaupten. Die Burg selbst wurde 1864 vom Grafen und späteren Fürsten Edzard zu In- und Knyphausen-Lütetsburg käuflich erworben und ging 1977 in das Eigentum des »Vereins zur Erhaltung der Burg Kniphausen« e. V. über, der im gleichen Jahre mit der Restaurierung der noch erhalten gebliebenen Bauwerke begann, zunächst des Turmes mit der charakteristischen Zwiebelhaube, dem die Instandsetzung des Burgtores folgte. In ihm versetzt der im alten Zustand erhaltene frühere Gefängnisraum der Burg den Besucher zurück in die Zeit, wo die Herrlichkeit In- und Kniphausen volle souveräne Rechte ausübte.

Als der 1978 verstorbene letzte Fürst von In- und Kniphausen die Burg verkaufte, blieb vom Burggelände noch ein kleiner Flecken im Besitz der Kniphauser Familie. Ein Findlingsstein erinnert mit seiner Aufschrift an die einstmaligen Herren der Burg.

1979 wurde auf dem Burghof ein mit Bohlen abgedeckter Brunnen entdeckt. Nachforschungen ergaben, daß hier früher eine verzierte hölzerne Pumpe stand. Ein Wilhelmshavener Tischlermeister baute eine neue Pumpe mit einem schmiedeeisernen Schwengel, wofür der Wilhelmshavener Heimatverein »Die Boje« mit Hilfe der Wilhelmshavener Sparkasse das Geld bereitstellte. Seit Dezember 1979 hat die Burg wieder ihren Brunnen.

Das restaurierte Burgtor wird vom Verein zur Erhaltung der Burg Kniphausen in Verbindung mit der Stadt Wilhelmshaven seit 1982 für eine bestimmte Zeit einem Stadtkünstler zur Verfügung gestellt.

Veränderte Welt um Utters

Utters ist ein kleines Dorf. Es hat jedenfalls wohl einmal als Dorf gelten können, als sich Sippen- oder Siedlungsgemeinschaften hier an einem Platz zusammenfanden, der in der flachen Marsch als Wohnplatz geeignet erschien und wo man sich mit dem Ansteigen des Meeresspiegels »hochwohnen« konnte durch Aufhöhung des Wohnplatzes, durch den Bau einer Wurt.

Wo von der Siedlungsgeschichte der Marsch die Rede ist (über die wir in den letzten Jahrzehnten zwar schon viele neue Erkenntnisse gewonnen haben, die aber trotzdem noch immer ein dankbares Forschungsobjekt ist), kommen wir an den Wurten nicht vorbei, ebensowenig wie an den Deichen und Sielen. Utters gehört zu den Wurten. Um 1840 standen hier 8 Bauernhöfe mit 55 Bewohnern. Damals gehörte sie, im Kirchspiel Sengwarden gelegen, zur Herrlichkeit Kniphausen, und vorher einmal, im 15. Jahrhundert, noch zum Herrschaftsbereich eines Häuptlings von Inhausen.

Nicht weit entfernt von Utters lag der kleine Sielhafen Inhausersiel. Im vorigen Jahrhundert waren hier in 16 Häusern 83 Personen ansässig, und es wurden, wie Ludwig Kohli um 1840 in seiner »historisch-geographisch-statistischen Beschreibung des Herzogtums Oldenburg« feststellte, »wegen der Zoll- und Accisefreiheit von einigen hier wohnenden Kaufleuten ziemlich bedeutende Geschäfte in Colonialwaren und einigen anderen Handelsartikeln gemacht«. Die Schiffe, die hier beheimatet waren, führten die Kniphauser Flagge blau-weiß-blau mit einem schwarzen Löwen auf gelbem Grund.

Nun ist freilich seit einigen Jahren dieses Inhausersiel ausgelöscht worden. Wenn wir sagen, weil der »Industriemoloch« es verschlungen hat, so soll das nur eine sachliche Feststellung sein, denn immer noch ist die Erkenntnis nicht die schlechteste, daß der Fortschritt, mag man zu ihm stehen wie man will, nun einmal nicht aufzuhalten ist und manches nun einmal verändert. Das geschieht nicht erst seit gestern, sondern schon seit Jahrtausenden.

So hat sich denn die Welt um Utters in vieler Beziehung verändert. In nächster Nähe der Wurt führt eine Industriebahn vorbei, und es sind moderne Straßen angelegt. Auch auf der Wurt hat sich einiges, aber nur weniges verändert. Es wäre gut, wenn Utters zum mindesten eine Oase in dieser umgekrempelten Landschaft bliebe.

Utters ist mit dem Wurtendorf Ziallerns im nördlichen Jeverland eigentlich diejenige Wurt in dieser jeverländischen Landschaft, die noch am besten ihren alten Zustand bewahrt hat. Sie ist eine Rundwurt, auf der die Häusergruppe gleichfalls eine Rundanlage bildet, ein Weg führt um die Wurt herum, und auf der Wurt verbindet ein schmaler Steinpfad die Häuser miteinander. Jetzt steht allerdings auch auf der Mitte der Wurt ein Haus. Das war früher nicht der Fall. Auf allen diesen Rundwurten war früher der Platz in der Mitte frei. Er diente bei Sturmfluten für den Viehauftrieb, war aber auch Versammlungsplatz und sicherlich gleichzeitig in vorchristlicher Zeit heidnischer Kultplatz. Später ist dann bei vielen Wurten die Kirche in die Mitte gebaut worden. Utters hat jedoch keine Kirche, ebenso wie auch Ziallerns kirchlich einer größeren Nachbargemeinde angeschlossen ist.

Eine Wurt ist nicht wie die andere. Die Erforschung der Wurten hat in letzter Zeit zu neuen wichtigen Erkenntnissen geführt. An der ostfriesischen Küste gibt es eine Anzahl langgestreckter Wurten.

Auf der Mitte der Wurt erstreckt sich eine Straße, an der eng zusammen die Häuser liegen. Meistens war an beiden Seiten der Straße nicht viel Platz für große Bauernhöfe. Es stehen an der Straße auch im wesentlichen nur kleine Giebelhäuser. Die Untersuchung dieser Wurten und der Vergleich mit den von Bauernhöfen bestandenen Rundwurten hat ergeben, daß diese Langwurten frühmittelalterliche Handelsniederlassungen waren, keine Weidebauerndörfer wie die Rundwurten.

Es ist ein vielfältiges Bild, das uns die Wurtendörfer geben. Sie sind auch landschaftlich besondere Kleinode. Gerade von Utters kann man das sagen.

Die Zahl der Bauernhöfe hat sich inzwischen verändert. Die Lage der noch erhalten gebliebenen ist unverändert. Diese Höfe liegen gleichsam am »Abhang« der Rundwurt, mit Fuhrwerken kann man von dem die Wurt umrundenden Weg in die Scheunen fahren. Die Wohnteile dieser Bauernhäuser friesischen Typs liegen an der Innenseite der Wurt. Bis vor wenigen Jahrzehnten gab es noch den alten Fething, beschaulich unter den Büschen und Bäumen. Enten schwammen auf ihm. Das Wasser eines Fethings dient heute nicht mehr wie früher, als man aus ihnen das einzige Süßwasser der Marsch schöpfte, der menschlichen Ernährung. Wappen, Zeichen und Inschriften an den Bauernhöfen künden von alter bäuerlicher Tradition. Vor der Inschrift am Hause des Sielgeschworenen Remmers müssen wir etwas länger verweilen, um sie zu entziffern und dann auf ihren Sinn zu kommen. So lesen wir:

gottes segen hat es MIr
was DV Leser sIhest hIr
gVnst Ich woLLen kehren zV
was es heget steh In rVh

Bei dieser Inschrift in Sandstein sind verschiedene lateinische Buchstaben in größerer Schrift angebracht. Es sind römische Zahlen. Hintereinander zusammengezählt ergeben sie das Jahr, in dem dieses Haus errichtet worden ist, die Jahreszahl 1675.

In Utters geht die Landstraße an der Wurt vorbei. In Breddewarden südwestlich von Utters, etwa doppelt so groß wie Utters, geht sie, wie wir es auch von Schaar kennen, mitten über die Wurt hinweg. Auch hier ist die Form der alten Siedlung als Rundwurt noch zu erkennen. Und auch der Fething ist noch vorhanden. Er dient als Feuerlöschteich. Der Himmel spiegelt sich in dem stillen Wasser, eine Baumkrone, die Gräser schauen hinein. Enten und Gänse tummeln sich, man erlebt noch ein Stück Landschaft.

Wo einst das »Sengwarder Licht« geheimnisvoll leuchtete

Es ist nun mehr als ein halbes Jahrhundert vergangen, als ich mich einmal am Abend in Hooksiel zu Fuß auf den Heimweg nach Wilhelmshaven machte. Ein Hooksieler verwunderte sich darüber, ich selbst fand es (in meiner Jugend) gar nicht für so ungewöhnlich. Aber der Mann meinte mit einem etwas hintergründigen Blick und verhaltenem Lächeln: »Dann achten Sie man auf das Sengwarder Licht. Vielleicht werden Sie ihm begegnen.« Damit ließ er mich des Weges ziehen.

Als ich durch Sengwarden kam, brannten dort in der einbrechenden Dunkelheit schon viele Lichter, ohne daß erkennbar war, welches von ihnen nun gerade das »Sengwarder Licht« sein sollte. Damit mußte es doch etwas Geheimnisvolles auf sich gehabt haben. Nun, ich sah es nicht und kam ohne besondere Erlebnisse zu Hause an. Jahre später erinnerte ich mich daran, als ich mich mit einem Sengwarder unterhielt, der mir einiges über den Ort erzählen sollte. Er kannte natürlich das »Sengwarder Licht«, nur gesehen hatte er es auch nicht, auch nur davon gehört, beinahe wie von einem Gerücht, das um sich greift und dem man oft nicht auf den Grund kommen kann.

»Ja«, erzählte mir der Sengwarder, »mit dem Sengwarder Licht hat das seine eigene Art. Vor langer Zeit, als der Pastor Crome noch in Sengwarden amtierte, fuhr dieser eines Abends von Hooksiel nach Sengwarden zurück. Plötzlich saß in der Nähe eines verrufenen Ortes, Greetthun genannt, ein Licht auf seiner Kutsche. Die Pferde blieben beunruhigt stehen und waren nicht von der Stelle zu bringen. Aber schließlich ist es dem Pastor doch gelungen, die Pferde zur Weiterfahrt zu bewegen. Wie er es gemacht hat, erzählte er jedoch nie. Sooft nun aber der Pastor abends den Weg fuhr, saß das Licht neben ihm auf der Kutsche und wies den Pferden den Weg.«

»Und was war das für ein Licht?« fragte ich.

»Nicht der Pastor allein sah es«, fuhr der Alte fort, »mancher ist noch dem Licht begegnet und hat mit seiner Hilfe nach Hause gefunden. So ein Arbeiter, der auf einen Bauernhof zum Dreschen ging und dem auf seinem Heimweg das Licht ständig voranging. Viele Sengwarder konnten von ihm erzählen. Bald hatte es diesen auf dem Weg begleitet, bald hatte es sich jenem auf das Haus gesetzt und Steg und Tür beleuchtet. Aber niemand kam hinter das Geheimnis dieser Erscheinung. Sie war ihnen auch zu unheimlich. Nur der zweite Pastor von Sengwarden, der den Mut dazu gehabt hätte, wollte das Licht anreden, aber Pastor Crome beschwor ihn, es nicht zu tun, das Licht würde ihm so viel aufgeben, daß er zeitlebens daran genug hätte. Pastor Crome war klug, und alle vermuteten, er wisse genau, was

es mit dem Licht auf sich habe, er dürfe es wohl nicht sagen.«

»Also hat man niemals das Geheimnis des Lichts erfahren?« begehrte ich nun ungeduldig zu wissen.

»Ja«, antwortete mein Gegenüber, »das hat man. Vielleicht hat Pastor Crome doch einmal etwas ausgeplaudert. In der Zeit, als der Bohnenburger Groden bis zum Schilldeich eingedeicht wurde, mußte der Groden ausgemessen werden. Der Landmesser, der damit betraut wurde, aber maß die Matten zu klein aus, so daß alle Stücke Untermaß bekamen. Zur Strafe dafür wurde er dazu verdammt, künftig als Licht ständig im Lande herumzuwandern und aufzupassen, daß sich niemand verirre. Vielleicht sollte er diesen oder jenen auch wohl erschrecken. So genau weiß man das nicht.«

»Als Licht herumwandern«, meinte ich ein wenig belustigt, »das muß ja langweilig sein.«

»So langweilig schien das nicht zu sein«, bekam ich zur Antwort, »es war ja nicht immer das gleiche Licht, es wechselte oft.

Einmal gab es sich den Anschein einer riesigen Laterne, ein andermal gewahrte man es als einen feurigen Mann. Dann erschien es als brennendes Strohbündel oder als eine Gestalt mit blauen Strümpfen, leuchtendem Oberkörper und einem Dreimaster auf dem Kopf. Einer will auch gesehen haben, daß von der Hose dicke Quasten herunterhingen. Ein Sengwarder, der spätabends nach Hause kam, stürzte aufgeregt ins Schlafzimmer, um seine Familie aus dem brennenden Haus zu retten. Das Haus brannte aber gar nicht, nur das Licht hatte darauf gesessen, und es hatte ausgesehen, als wenn der Dachstuhl brannte.«

»Und was machte das Licht am Tage?«

»Niemand weiß, woher es kam und wohin es morgens verschwand. Einige haben allerdings behauptet, es sei aus dem Fenster eines Hauses in Westerhausen gekommen, in dem einmal zwei alte Leute ermordet wurden. Aber das sind

nur Vermutungen. Ein Mörder ist der Landmesser sicher nicht gewesen.«

Das ist die Geschichte vom Sengwarder Licht. Heute muß die Verdammnis längst von dem Landmesser genommen worden sein, denn seit langer Zeit hat niemand mehr das Licht gesehen. Es scheint, daß keiner mehr so recht an solche Geschichten glauben kann in unserer so nüchtern gewordenen Welt. Aber wenn das Sengwarder Licht nicht mehr leuchtet, in Sengwarden findet sich auch manches andere, was uns zu einem Besuch des Ortes veranlassen sollte. Sengwarden gehört ja seit einigen Jahren zur Stadt Wilhelmshaven. Das geschah sogar auf friedlichem Wege, nicht etwa dadurch, daß ein Wilhelmshavener »Häuptling« ausgezogen wäre, es zu erobern und es etwa durch einige Granaten zur »Übergabe« zu zwingen, wie es hier im Mittelalter schon geschehen ist.

Der Oldenburger Ludwig Kohli hat im vorigen Jahrhundert in einer Beschreibung Sengwarden als ein »wohlgebauetes Kirchdorf« geschildert, das »mehr das Ansehen eines Marktfleckens als eines Dorfes« hatte, in dem »ausser den Ackersleuten auch verschiedene Handwerker, Künstler und Kaufleute« wohnten und der jährlich im September abgehaltene Pferdemarkt »ziemlich stark besucht« wurde. Mit rd. 400 Einwohnern war es tatsächlich schon ein recht stattlicher Ort damals und die größte Ortschaft in der Herrlichkeit Kniphausen, die noch eigene Hoheitsrechte besaß.

Das Ortsbild wird vom Bau der Kirche beherrscht. Zwischen Giebelhäusern führt ein schmaler Weg zur Kirchwurt hinauf, an dem Glockenturm vorbei, der, wie fast bei allen Kirchen unserer engeren Heimat und besonders in der Marsch, neben der Kirche steht. Solche schmalen und oft versteckten Kirchaufgänge haben ihren eigenen Reiz, sie geben dem Bild des Dorfes jene Traulichkeit und Heimeligkeit, die wir so schätzen. Aber wenn wir uns dem Dorf auf einer der vielen, von allen Seiten auf Sengwarden zustrebenden Wege und Straßen nähern, dann spüren wir von solcher Traulichkeit nichts, dann behauptet sich der trutzig-erhabene Bau der Kirche, und auch der zierliche Dachreiter mit der Uhrglocke weiß sich zu behaupten.

Rings um das Dorf dehnt sich die Marsch. Am Himmel ziehen die Wolken dahin, das Vieh grast auf den Weiden, es ist alles von einer friedevollen Ruhe. Das Land ruht in sich selbst, und wir möchten glauben, daß sein Gesicht seit urdenklichen Zeiten unwandelbar geblieben ist.

Aber die Veränderungen sind bedeutsam, die diese Landschaft im Wandel der Jahrtausende, besonders aber in den letzten Jahrzehnten durch die Industrialisierung Wilhelmshavens hat erleben müssen. Das Meer hat die Landschaft der Marsch geformt. Vor etlichen Jahrtausenden war hier leicht gewellte Geest, von Mooren durchzogen. Einzelne Geestbuckel hoben sich besonders hervor, sie waren von jeher die beliebtesten Siedlungsplätze der Menschen.

In der Sengwarder Dorfwurt steckt solch ein Geestbuckel, auf dem um Christi Geburt die Chauken in dem zunächst noch sturmflutfreien Land seßhaft wurden. Die in den folgenden Jahrhunderten immer stärker werdende Überflutung zwang dann auch hier dazu, den Siedlungsplatz aufzuhöhen.

Mit den Menschen vor etwa 2000 Jahren, deren Dasein die gefundenen Scherben der Rauhtöpfe anzeigen, beginnt die Dorfgeschichte Sengwardens. Ein Priel verband die Bewohner mit der See. Landeinwärts führte der »Heidenweg« nach Sillenstede.

Die Bewohner lebten zwischen See und Land, aber vieles geschah, was sie zu gewissen Zeiten beunruhigte. Die Friesen drangen ein und wurden die Herren. Normannen überfielen die Küste. Die Kunde von dem Wirken der Missionare drang auch hierher. Eine alte Weltanschauung geriet ins Wanken, eine neue Lehre breitete sich aus, und auch der Trotz, mit dem man an der alten Lehre festhielt, konnte die Entwicklung auf die Dauer nicht aufhalten.

Etwa zur gleichen Zeit suchte eine schwere Sturmflut um die Wintersonnenwende die Küste heim. Höher und höher stiegen danach die Fluten, die das Land immer wieder verdarben. Man schützte sich nun durch Deiche.

Was geschieht in einem Dorf nicht alles in 2000 Jahren? Geschlechter kommen und gehen, neue Familien lösen die alten ab, nichts ist beständig.

Im 12. Jahrhundert ist große Unruhe im Land, Jahrzehnte hindurch. Krieg verheert das Land. Sengwardens erste Kirche, ein Bau aus Holzfachwerk mit Lehmwänden und Reithdach, geht in Flammen auf.

Man muß wachsam sein. Während der Krieg immer wieder von neuem aufflackert, bricht das Meer tief ins Land. Die Sengwarder verstärken ihren Deich gegen die Maadebucht.

Im 13. Jahrhundert ziehen Bauleute durchs Land. Überall erstehen mächtige Kirchen aus Findlingen, eine von ihnen im benachbarten Sillenstede. Dort hat man in die Länge und Breite gebaut, die Sengwarder bauen in die Höhe. Einen breiten Graben ziehen sie um die Kirche.

1387 verteidigen sich in der Kirche die Häuptlinge Tiard Hedden und Wilmet Tannen gegen den mächtigen Edo Wiemken den Älteren und Popke von Inhausen, 1447 hat Hero Tansen die feste Kirche in Besitz. Tanno Duren von Jever greift sie mit Artillerie an. Die Südmauer der Kirche stürzt ein und reißt Gewölbe und Apsis mit. Eine neue Mauer muß aufgebaut werden. So hat denn jetzt die Kirche die noch aus der Zeit der Erbauung stammende Nordmauer aus Findlingssteinen mit den kleinen romanischen Fenstern, die Südmauer aus Backsteinen mit großen gotischen Fenstern.

Sengwarden kommt zum Hoheitsbereich der Häuptlinge von In- und Kniphausen, die nicht nur politisch, sondern auch in Glaubenssachen ihre eigenen Wege gehen. Tido von In- und Kniphausen, der als fortschrittlicher Mann die Abgaben der Bauern in Geldleistungen umwandelt, führt die reformierte Lehre ein, Oldenburgs Graf Anton Günther aber macht Sengwardens Kirche zu einer lutherischen. Die Sengwarder sind unzufrieden, und Bartold Müller, der erste lutherische Pfarrer, muß vom Landrichter und Amtmann zur Kirche geleitet werden.

1716 sucht eine schwere Viehseuche das Dorf heim, fast das gesamte Vieh geht ein, 1717 folgt die Weihnachtsflut, 1771 eine verheerende Rinderpest. Die Franzosenzeit bringt Not und Bedrückung und viel Unruhe.

Aber auch gute Zeiten erlebt das Dorf. Sengwardens Pferdemarkt, den Tido von In- und Kniphausen 1618 einführt, entwickelt sich zeitweise zum bedeutendsten Markt dieser Art im Jeverland.

Wer kann die Fülle der Ereignisse ermessen, die die alte Kirche im Laufe ihrer siebenhundert Jahre erlebt hat? Die Menschen, die sie erbauten, sind längst zu Staub zerfallen, aber sie steht da, wie für alle Zeiten gebaut. In den Gottesdiensten klingen die herrlichen Töne der 1936 von dem Wilhelmshavener Orgelbaumeister Alfred Führer gebauten Orgel durch das hohe Kirchenschiff, in das nach manchen Kriegswirren Andacht und Frieden eingezogen sind.

Rings um die Dorfwurt und die anderen Wurten der Nachbarschaft, Wehlens, Westerhausen, Utters, Breddewarden, vollziehen sich große Veränderungen. Im neu eingedeichten Groden zwischen Hooksiel und Rüstersiel sind große Werke errichtet. Der früheren Herrlichkeit In- und Kniphausen einstmaliger Hafen Inhausersiel wird von der neuen Planung ausgelöscht. Neue Straßenbänder durchziehen das Weideland. Überall nagt der Fortschritt an der alten Idylle. Die alte hochragende Kirche mag ein Sinnbild bleiben dessen, was die Sengwarder im Innersten bewegt: Wir wollen uns behaupten und Altes wahren.

Als man in Roffhausen noch keine Schreibmaschine kannte

Zu keiner Zeit ist der Name Roffhausen so viel genannt worden, wie seit den Tagen nach dem zweiten Weltkrieg, als sich das Schreibmaschinenwerk »Olympia-West« hier niederließ und sich zu einem großen Betrieb entwickelte, viele Hoffnungen erweckte und erfüllte und auch wohl Sorgen bereitete. Bevor die Werkhallen hier erstanden, war Roffhausen nur eine kleine Bauerschaft, die im Schatten der Jadestädte ein stilles Dasein führte. 1938 entging es sogar entgegen den Wünschen Wilhelmshavens der Eingemeindung in die neue Großstadt und gehört heute, hart an der Grenze gelegen, zur Gemeinde Schortens. Und doch hat Wilhelmshaven solch großen Anteil an diesem Ort, der mit der Gründung der Olympia-Werke hier entstanden ist mit schmucken Siedlungshäusern, einer musterhaften Schule und zwei Kirchen.

Wie müßten die Augen Ricklefs von Roffhausen aufgehen, würde er diese Entwicklung seines ehemaligen Herrschaftssitzes sehen! Aber er ist längst zu Grabe getragen worden. Zu seinen Lebzeiten kannte man noch keine Schreibmaschine.

Wenn wir in jene Zeit vor etwa 500 Jahren zurückblicken, müssen wir uns noch die Maade als tief ins Land reichende offene Meeresbucht vorstellen. Auch dort, wo heute Schreibmaschinen hergestellt werden, flossen zu gewissen Zeiten die Wasser der Maade. Diese trennte die alten friesischen Gaue Rüstringen und Oestringen. Der Übergang über die Maade war nur möglich durch Fähren. Solch eine Fähre verkehrte auch bei Roffhausen und daher rührt der Ortsname Middelsfähr. Als die Friesen etwa um die Jahrtausendwende zum Deichbau übergegangen waren, errichteten sie an beiden Seiten der Maade Deiche. Wenn wir heute von Langewerth bis zur Straße Jever–Sande gehen, erkennen wir, daß die Häuser an der nördlichen Straßenseite höher liegen. Sie sind auf dem alten Deich gebaut, der hier am nördlichen Ufer der Maade angelegt worden war.

Roffhausens besondere Lage an der Maade führte dazu, daß ein Begüterter des Landes hier ein festes Haus errichtete und nun versuchte, Ansehen, Besitz und Macht zu mehren und zu sichern. Das geschah im 14. Jahrhundert an vielen Orten des Landes. Die Häuptlinge bestimmten nun weitgehend die Geschicke des Landes, und mancher von ihnen erklomm die Stufen zu höherer Stellung, wie die Häuptlinge von Jever und von Gödens, von Kniphausen und die Cirksena in Ostfriesland.

Die Häuptlinge von Roffhausen waren sich der Bedeutung ihres Herrensitzes voll bewußt. Die Roffhauser Burg war nicht die einzige Häuptlingsburg an der Maade. In nächster Nachbarschaft lag die Burg Kniphausen. Auf ihr saß Iko, der sich im Ausgang des 15. Jahrhunderts mit dem Häuptling von Jever, Edo Wiemken dem Jüngeren, überwarf und fortan zum Grafen von Ostfriesland hielt. Kniphausen wurde damit zu einem Pfahl im Fleische des Jeverlandes. Das bewog Edo Wiemken, dem Häuptling von Roffhausen bei dem Ausbau und der Verstärkung seiner Burg behilflich zu sein. Für Edo Wiemken war dies ein wichtiges politisches Gebot. Er brauchte im Jeverland einen starken Stützpunkt an der Maade mit einem ihm getreuen Vasallen.

Aber waren die Roffhauser treue Vasallen? Diese Frage mag schon Edo Wiemken manche Sorge bereitet haben. Ein Zeuge sagte später, als Edo Wiemkens Tochter Maria gegen Roffhausen vorgehen mußte, aus, in einer Wirtschaft in Sande habe er einmal einen Wortwechsel zwischen Edo Wiemken und Ricklef von Roffhausen gehört, bei dem Edo Wiemken dem Roffhauser vorwarf, er wolle sich auch wohl mit dem Grafen von Ostfriesland verbinden, was Ricklef jedoch entschieden in Abrede gestellt hätte, worauf sich Edo Wiemken mit Ricklef »vrolik gemaket« hätte.

Aber der Ärger mit den Roffhausern blieb nicht aus. Als nach dem Tode Edo Wiemkens wegen der Minderjährigkeit seiner Kinder fünf Regenten die Regierung des Jeverlandes übernahmen, zu denen auch Ricklef von Roffhausen gehörte, maßten sich die Roffhauser die Gerichtshoheit über das Rüstringer Viertel Bant an, und als Graf Edzard von Ostfriesland in das Jeverland einrückte, unterwarf sich Ricklef von Roffhausen sofort dem ostfriesischen Grafen. Was Ricklef anrichtete, mußten nach seinem Tode, als Edo Wiemkens Tochter Maria von Jever wieder in ihren rechtmäßigen Besitz eingesetzt war, die Erben ausbaden. Fräulein Maria und der Kanzler Remmer von Seediek ließen den Arrest über die Roffhauser Erbgüter verhängen und im Jahre 1554 die Burg schleifen, deren Steine in Jever zum Bau des St. Annentores verwendet wurden. Zwar wurde der Arrest später wieder aufgehoben, aber Roffhausens Häuptlingsherrlichkeit war mit der Burg gebrochen. Nur ein Hügel blieb übrig.

Von jener Herrlichkeit kündet heute nur noch ein Hügel, auf dem im Sommer die Kühe weiden. Auch die Wälle und Gräben sind noch zu erkennen.

Und in nur kurzer Entfernung führt seit einiger Zeit die Autobahn nach Oldenburg, Ahlhorn an die Hansalinie an der alten Burgstätte vorbei. Welche Möglichkeiten könnten die Roffhauser Häuptlinge von einst hier heute entfalten! Oder hätten sie auch nur die größeren Sorgen? – – –

Hooksiel – das Pakenshook

Hooksiel ist der Name eines Sieldorfes an der jeverländischen Küste – diese Feststellung hätte vor einem halben Jahrhundert noch genügt, um zu sagen, worum es sich hier handelt. Heute ist Hooksiel mehr, es ist, um in einem neuzeitlichen Jargon zu sprechen, ein aufgeblühter und noch weiter aufblühender Seebadeort mit einem großen Strand, mit Kureinrichtungen, mit großen für Freizeit und Erholung versehenen Anlagen. Am alten Hafen, der inzwischen durch Landneugewinnung etliche Kilometer von der Jade und vom neuen Schleusensiel entfernt liegt, sind die ehemaligen Lagerhäuser zu Hotels geworden. Der Ort hat längst den Umfang eines Sieldorfes gesprengt. Er ist in die Breite gewachsen mit Fremdenpensionen und Ferienhäusern. Aus den kleinen Sielgaststätten sind Lokale geworden, deren Inhaber die Erholung und Zerstreuung suchenden Badegäste zu bewirten verstehen. Kurz und gut: Hooksiel hat sich sehr gewandelt, wenn auch in seinem Kern gottlob noch viel von seinem alten Charakter erhalten blieb und, wir hoffen es, gewahrt bleibt. Es ist ja auch dafür geschaffen, der Seebadeplatz für die Einwohner Wilhelmshavens zu werden. Die Stadtgrenzen Wilhelmshavens reichen bis auf »wenige Meter« an Hooksiel heran und damit auch die auf den neu eingedeichten Groden Wilhelmshavens errichteten Industrieanlagen.

Was heute ist, das kann dem Besucher Hooksiels nicht verlorengehen. Was einst war – davon soll hier die Rede sein.

Der Seebadeverein Hooksiel hat es unternommen, es den Besuchern Hooksiels auf verschiedene Weise zur Kenntnis zu bringen und damit eine Verbindung der Gegenwart zur Vergangenheit zu schaffen. Auf einer Tafel am alten Hafen ist chronikartig die historische Entwicklung dargestellt, von der Marcellusflut 1362 und dem 1479 erstmals erwähnten »Uppeme Hooke« bis zur Eindeichung des Voslapper Watts und dem Bau eines neuen tideunabhängigen Außenhafens mit Schleuse im Jahre 1974. An den alten Packhäusern, am »Hohen Stuhl« und der hier aufgestellten Kanone aus dem vorigen Jahrhundert, an dem restaurierten Mudderboot, das einst das Sieltief für die Schiffahrt frei halten mußte, und an einem 1958 in der Jade geborgenen Stockanker läßt sich auf den Inschriften vieles ablesen.

Heute gehört Hooksiel zu einer durch ministeriale Weisheit geschaffenen Großgemeinde, früher bildete es mit dem benachbarten Pakens eine Gemeinde, die den Namen dieses Nachbardorfes führte. Aus dem Jahre 1634 ist Hooksiel sogar unter dem Namen Pakenshook bekannt.

Wenn in dem Namen des Sielortes heute auch von Pakens nicht mehr die Rede ist, dann darf man Pakens selbst doch nicht unbeachtet lassen. Es ist zwar eines der kleinsten Dörfer des Jeverlandes, doch es bestand schon, als noch niemand an Hooksiel dachte. Es ist ein altes Wurtendorf, und der Name weist nach dem augenblicklichen Stand der Forschung dieses Dorf als ehemals chaukische Siedlung aus, die hier vor rund 2000 Jahren an einem Priel entstand. Im Mittelalter wohnte in Pakens eine Häuptlingsfamilie, aus der sich der jeversche Häuptling Tanno Duren im 15. Jahrhundert seine erste Frau Tetta holte.

Das eigentliche Kirchdorf Pakens besteht nur aus wenigen Häusern. Sie werden überragt von der mächtigen, aus Granitquadern im 13. Jahrhundert erbauten Kirche. Das Bild des Kirchhofs wird bestimmt durch die großen Familiengruften und alten Erbbegräbnisse. Sie künden von alter Wohlhabenheit der eingesessenen Familien, aber auch von den Männern, die in Hooksiel als Kaufmann und Schiffer gelebt haben. Die Schule des Kirchdorfes hatte auch, als Hooksiel schon zu einem bedeutenden Hafenplatz geworden war und eine eigene Schule erhalten hatte, besondere Bedeutung. Es sind Schilderungen von alten Hooksielern überliefert, die zunächst in Hooksiel zur Schule gingen und dann, wenn sie nicht gar auf die Lateinschule in Jever kamen, die Schule in Pakens besuchten, weil sie dort »mehr lernten« als in Hooksiel. Wenn man aus Hooksiel die Klinkerstraße hinunter nach Pakens kommt, hat man auch jetzt den Eindruck: dieses kleine Dorf ist sich seiner alten Tradition bewußt.

Das schließt nicht aus, daß Hooksiel selbst eine

viel lebhaftere Geschichte aufweist. Der Name erinnert vielleicht etwas an das Hoek van Holland, und tatsächlich hat der Name Hook hier die gleiche Bedeutung wie das holländische Hoek. Hook oder Hoek bedeutet soviel wie eine Landecke.

Das Hook war eher da als der Siel. Das heutige Hooksieler Binnen-Tief ist, wenn es auch später verbessert wurde und sich aus einer Seebalge zu einem Tief verwandelte, sehr alt und stellte schon immer die Verbindung dar zwischen der Jade und der Stadt Jever. Alle Schiffe, die nach Jever wollten, passierten das Hook. Es gab zeitweise keinen bedeutenderen Hafen für das Jeverland als der »uppeme Hucke«, wie er 1497 genannt wurde. Das Hook war für das Jeverland der Kriegs- und Handelshafen.

Der erste Siel ist 1546 als ungedeckter Holzsiel angelegt worden, der noch die Schiffahrt bis zur Schlachte in Jever ermöglichte. Der heutige Siel wurde als gedeckte Sielanlage im Jahre 1588 erbaut. Die alten hölzernen Siele kosteten nicht nur viel Geld – 2067 Taler waren 1588 eine große Summe –, sondern sie waren auch dem Angriff der Fluten und einer starken Abnutzung ausgesetzt. Viele Reparaturen waren auch in Hooksiel an der Sielanlage durchzuführen, so nach der Februarflut von 1825, in der die Sieltore brachen und Teile des Deiches fortgespült wurden. Nach manchen bitteren Erfahrungen baute man 1885 einen steinernen Siel.

In jenen Jahren war Hooksiel noch ein bedeutender Hafen, vor allem als Umschlagplatz für Getreide und Kartoffeln. Besonders zum Hooksieler Markt lagen viele Schiffe im Hafen. Getreidespeicher wurden dann zum Tanzsaal, und im Frack mit silbernen Knöpfen erschien man zum »Bratenessen«.

Ja, Hooksiel hat goldene Zeiten erlebt. Der Handel brachte Geld ins Land. 1603 wurde Hooksiel Oldenburgischer Staatshafen. Von Bremen, aus der Ostsee, aus Holland kamen die Schiffe, um die Erzeugnisse des Landes zu laden oder Salz aus der früheren Saline, die, vom oldenburgischen Grafen Johann XVI. in Hooksiel angelegt, auf die Dauer gegen die niedrigen Preise des englischen und lüneburgischen Salzes nicht bestehen konnte. Jahrhundertelang war lebhafter Betrieb im Hafen von Hooksiel. Er war oldenburgischer, anhalt-zerbstischer, ab 1793 russischer Hafen bis zur napoleonischen Zeit. Es kam vor, daß in einem halben Monat 20 Schiffe in Hooksiel ein- und ausliefen. Viel Getreide ging nach England, 1803 brach daher mit der Kontinentalsperre unter Napoleon auch für Hooksiel eine Blütezeit des Schmuggels an mit abenteuerlichen Fahrten zwischen Hooksiel und dem englischen Helgoland mit Gewinnen und manchen Verlusten.

Aber nicht jedes Schiff fuhr von Hooksiel hinaus, um friedlichen Handel zu treiben. Hooksiel hatte auch hin und wieder die Rolle eines Kriegshafens zu übernehmen. So einmal im Jahre 1570 zur Zeit der jeverschen Herrin Fräulein Maria. Johann Schotte, ein »utgetreden der Stadt Jever«, also ein Ausgewiesener, hatte in einer Februarnacht mit zwei Schiffen Wangerooge heimgesucht und dann die Raubzüge auf der Jade fortgesetzt. Zwei Schiffe wurden gegen die Piraten ausgerüstet, das eine unter dem Kommando des »General-Admirals« Marten von Stade, das andere unter Jan van Cleverns. Das Hook war der Ausgangspunkt des Unternehmens. Es war erfolglos, weil die Piraten den Verfolgern entwischten. Bei einem zweiten Unternehmen einige Jahre später gelang es aber, ein Kaperschiff zu nehmen.

Das alles gehört nun der Vergangenheit an. Der neue Hooksieler, mit der See verbundene Hafen liegt weiter draußen. Dort haben neben den Fischkuttern, die in Hooksiel beheimatet sind, Motor- und Segeljachten ihren Liegeplatz.

Rings um den alten Hafen ist noch die alte Zeit lebendig in ihren alten Bauten.

Am schiefen Turm von Sande

Alle Züge, die nach Wilhelmshaven verkehren, halten, bevor sie ihre Endstation erreichen, noch einmal, etwa 10 Minuten vorher, in Sande. Was den Reisenden hier auffällt, ist einmal der schöne stilgerecht in Backstein erbaute Bahnhof und ein dicker schiefer Turm, ein im letzten Kriege neben dem Bahnhof erbauter Luftschutzbunker, der sich bei der offenbar auch hier unvermeidlichen Sprengung seiner Austilgung entzog, indem er sich zur Seite neigte und nun dem schiefen Turm von Pisa Konkurrenz macht.

Wenn man in Sande aus dem Bahnhof tritt, möchte man sich zunächst verwundern, wie solch ein offenbar kleiner Ort zu einem solchen Bahnhof gekommen ist, aber bald werden wir doch der Bauten von Sande-Neufeld ansichtig und der Industrieanlagen an der anderen Seite des Bahndammes, und wir spüren, daß die Großstadt Wilhelmshaven bis hierher ihre Fühler ausgestreckt hat. Das ist zu einer Zeit geschehen, als man noch davon träumte, Wilhelmshaven zu einer 300000-Stadt zu machen. In diesem Fall hätte der »Moloch Wilhelmshaven« auch diesen Vorort in sich aufgesogen. Sande spielte in den einstigen Plänen um diese Stadt jedenfalls eine besondere Rolle. Die Pläne sind jäh zusammengebrochen. Sande und Wilhelmshaven sind nicht zusammengekommen, aber was die erste Zeit der angehenden stürmischen Entwicklung hier hinterlassen hat, das ist geblieben und hat nun dem Ort ein weitgehend neuzeitliches Gesicht gegeben. Es ist nicht allein der Bahnhof und es sind nicht allein die Industrieanlagen und das ehemalige Lager Neufeld, es ist vor allem das ehemalige, großzügig erbaute Marinelazarett, das heutige Landeskrankenhaus, das erst während des Krieges fertig wurde. Auch Cäciliengroden, das wie Voslapp als »Wilhelmshavener Satellit« entstand, gehört zu Sande.

Aber wir wollen nicht ungerecht sein und behaupten, Sande sei *nur* mit fremder Hilfe zu dem geworden, was es heute ist. Gewiß, einst war Sande nur ein kleines, recht bescheidenes Dorf inmitten fruchtbarer Marschenwiesen. Erst die Entstehung Wilhelmshavens hat bewirkt, daß es von einem Dorf mit 37 Bewohnern im Jahre 1844 und 88 im Jahre 1880 zu einem stattlichen Orte heranwuchs, der auch als Ausflugsziel der Wilhelmshavener beliebt wurde. Es gehörten also schon die Einflüsse von außen dazu, um Sande zu dem zu machen, was es geworden ist. Sie haben aber auch für die Gemeindeverwaltung Sande viele Aufgaben gebracht, und die Sander selbst haben, gerade in den letzten Jahren, auch sehr viel eigene Initiative entwickelt, die dem mächtig angewachsenen Ort gut bekommen ist und zu seinem Wohle wie zu seiner Zierde gereicht. Vor allem hat manches, was nun geschaffen wurde, Sande ein neues Gesicht gegeben.

Im Mittelalter gehörte Sande zum friesischen Gau Riustri (Rüstringen), der sich von der Weser bis nach Varel, von Blexen bis hierher erstreckte und durch die Sturmfluten auseinandergerissen wurde. Die Große Manntränke im Jahre 1362 weitete den seit 1174 entstandenen Jadebusen nach Westen aus und schuf das Schwarze Brack. Varel und das Viertel Bant waren damit getrennt. Bis nach Friedeburg reichte der Meereseinbruch. Nördlich des Schwarzen Bracks erhob sich ein Sandrücken mit dem Dorf Sande. Er ist heute nicht mehr erkennbar und liegt unter der Marschendecke begraben, die die Sturmfluten, die auch über diesen Sandrücken hinweggingen, hier hinterlassen haben. Nur der Name des Ortes erinnert noch daran, daß er einst »up'n Sand« gegründet worden ist.

Ob unter der stellenweise dünnen Kleidecke noch Spuren der früheren Besiedlung vorhanden sind, wissen wir nicht. Die älteste Vergangenheit Sandes ist uns unbekannt. Bevor die Große Manntränke das südlich von Sande gelegene Moorgebiet zerstörte, erstreckte sich nördlich des Dorfes die Maadebucht bis hinan an die Friedeburger Geest. Wenn die Vermutung richtig ist, daß der Hafen der Oestringer, Loppelt, sich unweit Sande am jenseitigen Maadeufer befand, dann mögen die Bewohner von Sande zu gewissen Zeiten manches fremden Handelsschiffes ansichtig geworden sein, denn wir wissen, daß die Oestringer weitreichende Handelsbeziehungen unterhielten. Eine ihrer Hauptsorgen mußten die Sander aber der Erhaltung ihres Landes gegen die Angriffe des Meeres zuwenden. Sande liegt in einem Kranz alter Deiche, seine Geschichte ist zugleich eine Geschichte der Deiche. Zunächst galt es, sich gegen die Maade zu sichern, dann gegen den Einbruch des Meeres vom Jadebusen her. Viele Straßen und Wege in der Gemeinde Sande sind Deiche von früher. Sie erinnern uns gleichzeitig daran, wie erfolgreich man hier dem Meere ein Stück Land nach dem andern wieder abgerungen hat. Das Meer hat nicht nur zerstört, es hat auch wieder aufgebaut. Aus Moorland wurde fruchtbare Marsch. Einst lag Sande gleich einer Insel im überschwemmten Gebiet. Heute liegt es wieder mitten im Land, und dieses Land gehört zu dem wertvollsten an unserer Küste. Hier ist der gegebene Boden für die Viehzucht.

Die Schicksale einiger Marschenhöfe sind von der Geschichte des Ortes nicht zu trennen. Im nahen Marienhausen hatte Jevers letzte Regentin Fräulein Maria ihren Sommersitz, von dem leider nur der Turm noch übriggeblieben ist, den vor kurzem der Bürgerverein Sande renoviert hat. Die beiden Güter Sanderbusch (neben dem Landeskrankenhaus) und Buschhausen zwischen Sande und Mariensiel haben im Laufe der Jahrhunderte ihre Besitzer mehrere Male gewechselt. In der Nähe von Sande, in Seediek, lag der väterliche Besitz des Kanzlers Fräulein Marias, Remmer von Seediek. An der Straße von Mariensiel nach Sander Altenhof befindet sich die Stätte, auf der einst die befestigte Kirche von Seediek stand, die den Sturmfluten zum Opfer fiel, und ein wenig südlicher das Kirchdorf Ahm.

Die Kirche von Sande, ein einschiffiger romanischer Bau, gehört zu den schönsten mittelalterlichen Baudenkmälern unserer Küstenlandschaft. Um 1350 ist sie erbaut worden. Der Turm neben der Kirche ist ein beachtliches Bauwerk mit seinen Backsteinfriesen und weißgetünchten Fensternischen.

In den Jahrzehnten des ausgehenden 14. und des 15. Jahrhunderts erlebte die Kirche die fehdereiche Häuptlingszeit. Mit der Geschichte der Kirche eng verknüpft ist der Name des erbgesessenen Vogtes Ulricus Kercker, der 1609 geboren wurde und 1669 starb. Er ruht mit seinen Angehörigen in der Kirche, die Gruft bedeckt eine Grabplatte, die vor einigen Jahren im Gotteshaus einen neuen Platz bekommen hat, wo sie vor weiterer Zerstörung bewahrt wird. Der Familie Kercker verdankt die Kirche Altar, Kanzel und Taufe. Die Kercker brachten in die romanische Kirche barocken Schmuck, besonders gute Arbeiten sind die holzgeschnitzten Figuren an den beiden Altarbrüstungen.

Die Kercker sind auch auf einer der Glocken genannt. Durch zwei Kriege konnte die Kirchengemeinde Sande zwei alte Glocken ungeschoren hindurchbringen. Das zeugt schon von ihrem Wert. Die schönste von ihnen hat O. B. Fraterna 1756, also vor über 200 Jahren, gegossen. Schon war sie im zweiten Weltkrieg vom Turm genommen, um den Weg anzutreten in die Geschützgießerei, als man ihren hohen Wert erkannte und sie unter großer Mühe frei bekam. Wundervoll ist die Glocke verziert, außer einer lateinischen Inschrift lesen wir auf ihr die folgenden Verse:

Menschenkinder, mein Geläute
rufet euch zu Gottes Haus.
Ach, versäumet nicht das Heute,
sonst ist alle Hoffnung aus.
Kommt herbei auf mein Ertönen.
Lasset euch mit Gott versöhnen.

Wesentlich älter als diese Glocke ist die große Glocke der Kirche. 1522 ist sie gegossen worden, also kurz nach der Antoniflut und zu einer Zeit, da das Jeverland gegen die Ansprüche der Grafen von Ostfriesland um seine Selbständigkeit kämpfte.

Und auch die kleinste Glocke der Kirche ist schon über 300 Jahre alt. Zwei an unserer Küste bekannte Glockengießer jener Zeit, Glaudius Voillo und Godfried Boullard, haben die Glocke im Jahre 1664 gegossen. Es war zu der Zeit, als Ulricus Kercker Vogt in Rüstringen war. Sein Name ist mit auf der Glocke verzeichnet.

Das Haus, in dem die Familie Kercker gelebt hat, ist dem Abbruch verfallen. Wo sich das Neue ungestüm durchsetzt, muß vieles von dem Alten weichen. An vielen Stellen ist das auch in Sande geschehen.

Die Autobahn mitten durch die Gemeinde ist das neueste Beispiel. Sie kreuzt einen schon vor 100 Jahren entstandenen, an dem Ort vorbeiführenden Verkehrsweg, den Ems-Jade-Kanal, und nicht weit entfernt ergänzt der Flugplatz in Mariensiel als vierte Verkehrsader Schiene, Wasser und Straße.

Sechs Religionen gab es in Neustadtgödens

Gödens und Neustadtgödens sind durch ihre Geschichte miteinander verflochten. Gödens ist eine alte Wurtensiedlung und war Sitz eines friesischen Häuptlingsgeschlechts, das sich 1671 das heute von einem schönen Park umgebene gräfliche Schloß in dem schon stark barocken Stil der niederländischen Renaissance errichtete. Nicht ohne Grund nennt man es das schönste Wasserschloß in Ostfriesland. Seit 1746 befindet es sich im Besitz der 1776 von Friedrich dem Großen in den Grafenstand erhobenen Familie von Wedel.

Es waren die Gödenser Schloßherren von Fridag, die als Anhänger des katholischen Glaubens im 16. Jahrhundert im Zeitalter der Reformation mit seinen Verfolgungen Andersgläubiger ein Beispiel von Toleranz gaben und die Gründung von Neustadtgödens ermöglichten. Es entwickelte sich zu einem ansehnlichen Flecken, blühte als Hafenplatz und durch ein vielseitiges Gewerbe auf, erstarrte dann, aber beharrte auch, und durch diese Beharrung hat es viel von seinem alten Charakter bis auf unsere Tage bewahrt. Aber beginnen wir mit einer »lögenhaften« Geschichte, die sich, wie sollte es anders sein, in diesem merkwürdigen Neustadtgödens zugetragen haben soll.

Einmal – das ist natürlich nun schon lange her – sei in Neustadtgödens eine alte Frau spät abends in ihren Garten gegangen. Als sie kurz nach Mitternacht ins Haus zurückkehren wollte, habe eine große weiße Gestalt unter einem Birnbaum gestanden. Die Frau alarmierte die Nachbarn. Ehe diese kamen, sei die Gestalt verschwunden gewesen. Ein alter Mann konnte nun aber berichten, daß alle zehn Jahre diese Gestalt hier erschienen sei. Später wurde die Stelle unter dem Birnbaum umgegraben. Man fand einen hohlen Stein mit einem Deckel. In dem Stein befand sich ein Stück Papier und darauf war vermerkt, daß in dem Haus früher ein Zinngießer wohnte, dessen Frau eine Hexe gewesen sei. Die Frau habe ihren Mann schlecht behandelt, so daß ihr dieser wünschte, sie möchte nach ihrem Tode alle zehn Jahre wiederkommen. Es ist ja etwas Unheimlich-Furchtbares, wenn ein Toter verurteilt wird, von Zeit zu Zeit als Gespenst wiederkehren zu müssen.

Eine Frage mag berechtigt sein: Welchen Glaubens waren dieser Zinngießer und seine Frau gewesen? Waren sie Mennoniten, Reformierte oder Lutheraner, oder waren sie gar Katholiken oder Baptisten? Schließlich hängt es weitgehend davon ab, wann der Zinngießer, von dem hier die Rede ist, nach Neustadtgödens gekommen ist.

Wenn er zu den ersten Ansiedlern gehörte, war er sicherlich Mennonit, gehört er zu den später Zugewanderten, kann er ebenso ein getreuer Lutheraner gewesen sein oder auch ein Katholik.

Welch ein Aufwand um einen Zinngießer? Er soll hier als ein Beispiel dienen, Beispiel für eine besondere Merkwürdigkeit, die wohl von der Gründung ab den Ort Neustadtgödens ausgezeichnet hat. Sie hängt eng mit ihrer Gründung zusammen. Hier, wo sich im 16. Jahrhundert Schiffer und Kaufleute niederlassen konnten und damit den Grundstein für Neustadtgödens legten, hatte sich 1362 eine Katastrophe ereignet. Das Land wurde vom Jadebusen her in der Marcellusflut durch den Einbruch des Schwarzen Bracks überschwemmt, so daß das benachbarte alte Gödens, dessen Kirche aufgegeben werden mußte, gleich einer Hallig im Schwarzen Brack lag. 1545 wurde ein Teil dieses Einbruches durch den Bau eines Deiches mit dem Siel Hohemei (gleichbedeutend mit Absperrung) zurückgewonnen. Auch bei dem heutigen Neustadtgödens entstand ein Siel.

Bald danach siedelten sich die ersten Schiffer hier an. Es waren Mennoniten, die, aus Holland vertrieben, die Erlaubnis erhalten hatten, sich hier niederzulassen. Der Herr von Gödens gab ihnen diese Erlaubnis, die ihnen der Amtmann von Friedeburg für die Ansiedlung am nahen Hohemei versagt hatte.

Neustadtgödens wurde also als Hafenort gegründet. Als jedoch der Oldenburger Graf zu Beginn des 17. Jahrhunderts den Ellenser Damm baute, wurde der Ort von seiner Verbindung zum Meer abgeschnitten. Die Einwohner von Neustadtgödens mußten sich umstellen auf andere Gewerbe. Aus Leer wanderten mennonitische Weber zu. Unter ihnen blühte Neustadtgödens als Weber- und Handwerksstädtchen von neuem auf dank der Tatsache, daß der Ort eine Zufluchtsstätte sämtlicher religiöser Bekenntnisse war. So kam es, daß sich außer den Mennoniten Baptisten, Lutheranern, Reformierten und Katholiken auch Juden in Neustadtgödens seßhaft machen konnten.

Die Menschen sind freilich seltsame Wesen. Sie nehmen gern jede Duldung an, sind selber aber gegen andere oft recht unduldsam. So geschah es dann auch in Neustadtgödens. Als die Reformierten sich ihr Gotteshaus bauten, versuchten die Lutheraner dies zu verhindern, so daß die Reformierten ihren Bauplatz gegen die Lutheraner bewachen mußten. Und es ist interessant, daß in dem Ort der größten Duldsamkeit sich das einzige Juden-Pogrom des 18. Jahrhunderts in unserer Heimat abspielte. Hier war die Gegnerschaft gegenüber den Juden, die zeitweise 20 Prozent der Bevölkerung ausmachten, nicht in dem religiösen Bekenntnis zu suchen, sondern offenbar in der starken wirtschaftlichen Stellung, in die die Juden durch ihren Handel gegenüber den übrigen Einwohnern gekommen waren. Wirtschaftliche Gegensätze sind immer eine schlimme Sache, sie erwecken Neid, Mißgunst und Haß.

Die wirtschaftliche Entwicklung von Neustadtgödens blieb wechselhaft. Die Weberei ging zurück, der Handel der Juden blühte auf, nicht zuletzt durch die Gründung von Wilhelmshaven. Mancher Einwohner des Ortes erhielt Beschäftigung in Wilhelmshaven – so ergaben sich mannigfache Wechselbeziehungen zwischen der Marinestadt und Neustadtgödens, die sich infolge der Rückschläge in Wilhelmshaven naturgemäß in Neustadtgödens auch im negativen Sinne bemerkbar machen mußten.

Es ist notwendig, wieder auf den erwähnten Zinngießer zurückzukommen, der in Neustadtgödens seinen Beruf ausübte als einer von vielen Handwerkern. Die Vielzahl der Handwerker, die in dem Flecken vor allem im 17. und 18. Jahrhundert tätig werden konnten, gehört mit zu den Besonderheiten, die der Ort aufzuweisen hat. Der ostfriesische Historiker Dr. G. D. Ohling hat sie einmal ermittelt. Er verwies auf die große Anzahl von Kaufleuten und Krämern, die in Neustadtgödens ansässig waren und zu denen ja auch die jetzt in Wilhelmshaven ansässige Teehandlung von Bakker gehörte. Wie viele andere kamen auch die Bakker als Mennoniten aus Leeuwarden in den Niederlanden nach Neustadtgödens. Die Kaufleute und Krämer lebten damals nicht allein von den Bewohnern des Ortes, viele von ihnen betrieben ihren Handel im Umherziehen, und das gleiche trifft sicherlich auch für manchen der vielen Handwerker zu. Die Kaufleute handelten ja nicht nur mit Lebensmitteln und Kolonialwaren, sondern betrieben ein Gemischtwarengeschäft, waren also auch sog. Galanteriehändler, die alles verkauften, von Gewürzen bis zu »Potten und Pannen«.

Welche Handwerksberufe in Neustadtgödens tätig waren, läßt sich hier nur in Bausch und Bogen aufzählen: Schneider, Schuster, Bäcker, Schlachter, Maler, Glaser, Tischler, Zimmerleute, Maurer wären dabei nicht gerade ungewöhnlich, aber es kamen in Neustadtgödens hinzu: Sattler, Gärtner, Steinschneider, Kesselflicker, Scherenschleifer, Kalkbrenner, Blockmacher, Büchsenschäffer, Böttcher, Drechsler, Garn- und Leinenweber, dazu Damastmacher, Plüschmacher und Wandscherer (Tuchmacher), Spitzemacher, Samtmacher, Posamentierer (Bortenmacher), Strumpf- und Mützenwirker, Tapetiere oder Zeltenmacher, Kammacher und Kammsetzer, Wachsbleicher und »Splettreißer«, von dem Dr. Ohling meint, ihn mit dem plattdeutschen »Rietenspliet« gleichsetzen zu können. Es gab außer den Schustern den Lohgerber, den Leistenschneider, den Absatzmacher, den Weißgerber, Handschuhmacher, Taschenmacher, Kürschner und Hutmacher. Und schließlich fehlte in Neustadtgödens auch der Buchbinder nicht.

Selbstverständlich gehörte zum Ort auch der Schmied. Es gab hier den Huf- und den Waffenschmied, den Kupferschmied und unseren schon erwähnten Zinngießer, den Schlosser, Siebmacher und

Büchsenmacher. Ein Sporer war der Handwerker für die Reiterausrüstung. Neben dem Messer- und Nagelschmied und dem Nadelmacher gab es einen Drahtzieher. Auch ein Goldschmied und ein Goldschläger (Goldscheider) hatten in Neustadtgödens ihr Auskommen.

Damit ist die Liste der in diesem Ort tätigen Handwerker noch nicht erschöpft. Es wurde ja auch Bier gebraut, dafür gab es den Mälzer. Zwei Grützmacher waren in Neustadtgödens vertreten, ein Tabakspinner, ein Seiler (Reepschläger), ein Schwarz- und Schönfärber. Für das Talglicht in den Häusern sorgte der Lichtzieher. Ein Schriftgießer ist vielleicht in Verbindung zu bringen mit dem Tuchgewerbe. Wenn es im 17. Jahrhundert auch mit dem Hafenbetrieb vorbei war, so gab es doch noch einige Ballastschiffer, auch Schutefahrer genannt. Schließlich sind noch sieben Gastwirte zu nennen. Nicht zu vergessen sind Arzt, Apotheker, Barbier und Hebamme, wobei die Barbiere auch zugleich »Wundärzte« waren.

Von der Apotheke in Neustadtgödens wissen wir, daß hier ein bedeutender Naturwissenschaftler seine Lehre begann. Der am 2. Mai 1665 im benachbarten Etzel geborene Albert Seba, der später als Schiffsapotheker in die Dienste der West- und Ost-Indischen Handelsgesellschaften trat, Apotheker in Amsterdam wurde, eine große Naturaliensammlung an Zar Peter den Großen verkaufte und danach noch eine zweite Naturaliensammlung anlegte, die nach Sebas Tod leider öffentlich verkauft worden ist. Seba, der 71 Jahre alt wurde, hinterließ jedoch ein »unsterbliches« zweibändiges Werk mit über 100 Kupferstichen. Durch Seba erhielt die lutherische Kirche auch das Altarbild eines niederländischen Malers.

Was Handwerk, Handel und Gewerbe in Neustadtgödens betrifft, so hat sich hier seit dem 17.

Jahrhundert vieles geändert. So manches Handwerk ist ja ohnehin inzwischen ausgestorben. Auch die einst zahlreichen jüdischen Schlachter und Viehhändler gibt es nicht mehr. Vor 1933 bezogen viele von ihnen die Märkte in der Umgebung, vor allem in Wilhelmshaven. Der jüdische Friedhof an der Straße zum Schloß Gödens diente auch den Juden in Wilhelmshaven als Begräbnisstätte.

Ein stiller Ort ist Neustadtgödens geworden, doch die Zeit ist auch hier nicht stehengeblieben. Zwischen den alten Giebelhäusern an den Straßen ist mancher schmucke Neubau errichtet worden. Das Alte verbindet sich überall harmonisch mit dem Neuen. In der Bevölkerung ist gewiß im Laufe der Zeit manche Umschichtung erfolgt, auf jeden Fall im religiösen Bekenntnis. Es gibt keine Mennoniten mehr. Die 1741 erbaute Mennonitenkirche wurde Turnhalle, nachdem sie vorher längere Zeit für die Marine als Lagerhaus gedient hatte. Jetzt gehört sie den Lutheranern, die eine Begräbniskapelle daraus gemacht haben. Die 1715 erbaute reformierte Kirche wurde gewerblichen Zwecken zugeführt. Beherrscht wird das Ortsbild durch den barocken Turm der lutherischen Kirche, die 1695 erbaut wurde und 1714 ihren Turm erhielt. Bescheiden an abgelegener Stelle, nämlich an dem Weg, der am Neustädter Tief entlangführt und den Namen der Pastorei trägt, befindet sich die katholische Kirche, die 1715 errichtet wurde, die Inschrift verzeichnet den Namen der Stifterin.

Wenn wir in Neustadtgödens auf den alten Deich steigen, liegt das neue Neustadtgödens vor uns. Es sind die schmucken Häuser der Gräfin-Irene-von-Wedel-Siedlung mit ihren Gärten.

Rings um Neustadtgödens breitet sich die Weite der Marschenlandschaft mit stattlichen Bauernhöfen. Wie allerorten regt sich auch in Neustadtgödens reger Bürgersinn. Durch die niedersächsische Gebietsreform ist Gödens mit Sande zu einer Gemeinde vereinigt worden. Die alte oldenburgisch-ostfriesische Grenze hat sich verwischt. Oldenburger und Ostfriesen sind ja schon lange nicht mehr miteinander »verfeindet«. Seit einigen Jahren gibt es den Heimatverein Gödens-Sande. Er entstand, als eine der Schöpfmühlen im Gebiet des früheren Schwarzen Bracks, die »Wedelfeldmühle« zu verfallen drohte. Der Verein hat sie instand gesetzt und damit ein bemerkenswertes Baudenkmal der Marschenlandschaft erhalten. Er kümmert sich auch darum, das Ortsbild von Neustadtgödens zu bewahren. Er forscht der Entstehungsgeschichte des Ortes nach, für die ein bestimmtes Datum nicht festliegt. Schon die kurze Zeit seit der Gründung dieses Heimatvereins hat gezeigt, wie wichtig solche Gemeinschaften sind, in denen geforscht, bewahrt, Neues erdacht wird.

Varel – zwischen Marsch, Moor und Meer

Wir Küstenmenschen sind alle irgendwie mit der See innerlich verbunden. Berge mögen uns zeitweise lokken, aber beglückt sind wir immer wieder, wenn wir über das Meer schauen können. Doch in der Weite der See und des Marschenlandes hungert uns auch wohl nach dem Wald.

In der Landschaft um Varel stoßen Wald und Meer, Geest und Marsch eng aneinander. Der Wald liegt den Varelern gleichsam vor der Haustür, aber das Meer ist ihnen auch nur wenige Kilometer entfernt. Wenn es stimmt, daß das alte Wort für die Stadt Varel, Farle, aus franlo abgeleitet ist, dann steht es fest, daß hier einst, bevor die Germanen sich zum Christentum bekehren ließen, ein »heiliger Wald« sich befand. Eine andere Deutung führt den alten Namen Farle auf einen Flurnamen zurück und übersetzt die Endung le als einen Ort, an dem man Schutz sucht.

Aber sei dem, wie ihm sei. Die Stätte Varels hat schon im frühen Mittelalter eine Bedeutung gehabt. Sonst wäre hier ja nicht die Send-Kirche erbaut worden. Das bedeutet, daß hier die Sendgerichte abgehalten wurden, die Schädigungen der Kirche und Verstöße gegen kirchliches Recht, wie Störung des Feiertagsfriedens oder auch Tätlichkeiten gegen Pilger, Priester, Waisen und Witwen oder Nachlässigkeit in der Zahlung der an die Kirche zu leistenden Abgaben geahndet haben. Der Ursprung der Vareler Kirche geht in die Mitte des 12. Jahrhunderts zurück. Anfangs zum Gau Rüstringen gehörig, wurde Varel als Folge des Einbruchs der Jade in der Marcellusflut von 1362 von den Rüstringer Vierteln Blexen, Langwarden und Aldessen abgetrennt und zu Beginn des 15. Jahrhunderts eine Beute der Oldenburger Grafen, denen der Rüstringer Häuptling Sibet aus der Erkenntnis, daß er Varel und die Friesische Wehde doch nicht zu halten vermochte, es als Geschenk übereignete.

Als Sibet von Rüstringen damals das großzügige Patengeschenk machte, hatten die Grafen von Oldenburg schon stark ihre Einflüsse in Varel befestigt. Sie waren ja ohnehin im Rahmen der von Karl dem Großen eingeführten Grafschaftsverfassung in den Besitz von gräflichen Rechten auch im friesischen Gau Rüstringen gekommen, nur hatten die Rüstringer ihre eigenen Rechte beibehalten und die Grafen hatten sich nicht durchzusetzen vermocht. Im Gau Rüstringen kamen ihnen die Zerstörungen zugute, die die Sturmfluten des 13. und 14. Jahrhunderts anrichteten und Rüstringen in verschiedene Einzelteile zerlegten. Das nutzten die oldenburgischen Grafen in Varel und in der Friesischen Wehde geschickt aus. Schon im 14. Jahrhundert überließen die Vareler Häuptlinge dem Grafen Konrad III. Rechte auf »Renten und Brüche«. Sie verpflichteten sich auch, den Grafen die Kirche und den Turm gegen die Friesen offen zu halten. Auch dem Grafen Moritz III. wurden diese Rechte eingeräumt. Das geschah 1419. Die Schenkung des Häuptlings Sibet erfolgte 1428. Sie wurde nach Sibets Tod (1433) auch von seinem Nachfolger Hajo Harlda als Häuptling in Jever bestätigt. In der Folgezeit mußten die Grafen dann ihren Besitz in Varel und der Friesischen Wehde gegen die Grafen von Ostfriesland verteidigen, und zum Schutze der oldenburgischen Rechte errichtete Graf Gerd 1462 die Neuenburg, »dat de Fresen de Bammel slag!«

So ist Varels Geschichte schon früh mit den Geschicken der Grafschaft Oldenburg verbunden. Die Oldenburger Grafen strebten nach der Küste. Butjadingen war für sie zunächst noch unerreichbar. Das Geschenk Sibets kam ihnen daher sehr gelegen. Unter der Regierung des Grafen Anton Günther konnte Varel als Teil der Grafschaft Oldenburg den Dreißigjährigen Krieg in Frieden überstehen. Als Anton Günther 1667 verstarb, ohne einen voll legitimierten Erben zu hinterlassen, fiel die Grafschaft auseinander. Anton Günthers unehelicher Sohn, der immerhin noch zu einem Reichsgrafen erhobene Anton von Aldenburg, erbte Varel und Kniphausen. Varel wurde zur Residenz.

Graf Anton von Aldenburg war hervorgegangen aus den Beziehungen Anton Günthers mit der Freiin Elisabeth von Ungnad, die mit ihren Eltern aus Böhmen nach Emden gekommen war und auch in der ostfriesischen Geschichte eine Rolle gespielt hat. Ihr unruhiges Leben in einer bewegten Zeit hat im vorigen Jahrhundert der Romanschriftstellerin Mathilde Raven den Stoff zu einem sehr lesenswerten Roman gegeben, der vor einigen Jahren neu aufgelegt worden ist.

Dem Grafen von Aldenburg folgte nach dem Tode Anton II. 1738 der mit der Tochter des Grafen verheiratete Wilhelm von Bentinck. Die Bentincks haben das Ihre zur Entwicklung Varels getan. Das Städtchen erlebte dabei eine kleine Hof-Sensation, als 1816 Graf Wilhelm von Bentinck nach dem Tode seiner Gattin die Dienstmagd Sarah Gerdes heiratete und damit das Kind eines Arbeiters zur Reichsgräfin machte. Viele rümpften darob die Nase, aber den Grafen focht das nicht an, und die Gräfin selber erwarb sich durch die Art ihrer Lebensführung die Achtung der Vareler.

Wenn wir durch die Stadt gehen, treffen wir noch manche Spuren ihrer Vergangenheit. Die alte Kirche beherrscht die Silhouette der Stadt. Man soll sie aber nicht nur in ihrem Äußeren bewundern, sondern in ihrem Innern auch das Kunstwerk eines der bedeutendsten Holzschnitzmeister des 17. Jahrhunderts sich ansehen, den Altar von Ludwig Münstermann, ein Werk von eindringlicher Wirkung und der Kraft des Ausdrucks, die den Betrachter immer wieder mitreißt.

Sonst ist von dem alten Varel vieles vergangen, auch das einstige Schloß der Aldenburger und der Schloßgarten. An den früheren Marienlustgarten erinnert nur noch die Straße gleichen Namens. Aber am Rande der Stadt befindet sich noch eine schöne Erinnerung an das erste gemeinnützige Werk des Grafen Anton I. von Aldenburg. Es ist das in Backsteinen erbaute Waisenhaus mit schönem Sandsteinportal und seiner auf holländische Einflüsse zurückgehenden Bauart. Die Inschrift über dem Portal verrät, daß das Gebäude im Jahre 1671 errichtet worden ist. Armen, elternlosen Kindern sollte das Haus zur neuen Heimat werden, und es ist in den fast 300 Jahren viel Segen hier gestiftet worden. »Quid retribuam Domino« steht in kunstvollen Lettern über dem Portal. »Wie soll ich's dem Herrn vergelten?«

Varel hat in seiner Geschichte manchen wirtschaftlichen Kampf führen müssen. Aber die Stadt hat sich geschickt durch das Auf und Ab der Zeiten laviert, getreu dem selbstverständlichen Grundsatz, daß kein Schicksalsschlag so groß sein kann, um nicht überwunden zu werden in einer Stadt, deren reger Gewerbefleiß in verschiedenen Betrieben sich offenbart.

Gewerbefleiß allein bestimmt aber nicht die Ausstrahlungskraft einer Stadt, so wichtig er ist. Vor allem wäre hier der Heimatverein zu nennen. Er ist gerade in der letzten Zeit sehr tätig gewesen. Nicht allein in der Gestaltung des Heimatmuseums. Etwas Besonderes hat er vollbracht durch die Bewahrung der Vareler Windmühle, mit 41 m eine der höchsten holländischen Windmühlen an unserer Küste. In der Mühle hat er ein hervorragendes Mühlenmuseum eingerichtet. Hier wurde etwas geschaffen, das künftigen Geschlechtern wertvolle Kenntnisse vermitteln kann.

Bauern, Fischer, Kurgäste und Künstler in Dangast

An dem Ufer, das den Jadebusen umrandet, hebt sich gegenüber dem Wilhelmshavener Südstrand, wenn man von ihm nach Südwesten schaut, eine erhöht liegende Waldgruppe ab. Das ist die Geesthöhe von Dangast. Man sieht von Wilhelmshaven aus nicht viel. Die Häuser von Dangast liegen verborgen hinter dem kleinen Wald, der zugleich der Kurpark des Ortes ist, und da leider seit vielen Jahren zwischen Wilhelmshaven und Dangast kein regelmäßiger Schiffsverkehr mehr besteht wie in den Jahren zwischen beiden Weltkriegen, kommen die Wilhelmshavener viel zu wenig dorthin. Wer nicht über einen Kraftwagen verfügt – und auch solche Leute gibt es immer noch –, der muß entweder sein Fahrrad zu Hilfe nehmen oder mit dem Zuge nach Varel fahren, hat dann aber vom Bahnhof bis nach Dangast noch eine gute Strecke zurückzulegen. Man möchte glauben, es sei eine Wanderung bis an das Ende der Welt. Tatsächlich geht es auch nicht weiter. Am Dangaster Strand liegt der Jadebusen vor uns, in einiger Entfernung ragt der Leuchtturm von Arngast auf.

Es fällt auf, daß die Namen Dangast und Arngast die gleichen Endungen haben. Man darf sich darüber nicht wundern, wenn daran erinnert wird, daß Arngast einst eine Insel im Jadebusen gewesen ist, ja, daß es, bevor es überhaupt einen Jadebusen gab, eine Geestanhebung inmitten des weiten Hochmoores war, das vor dem 13. Jahrhundert den größten Teil des Jadebusens ausfüllte. Heute gehört Dangast zu den beiden Stellen der südlichen Nordseeküste, an denen die Geest, das Diluvium, direkt ans Wasser stößt und der Deich, der unsere Küste vor dem Hochwasser schützt, unterbrochen ist. Außer in

Dangast ist das nur in Duhnen bei Cuxhaven der Fall.

Diese Besonderheit von Dangast ist eine der Eigentümlichkeiten, die Dangast aufzuweisen hat. Der verschiedenen Eigentümlichkeiten werden wir bewußt, wenn wir in der Geschichte zurückblättern. Im Mittelalter war Dangast Häuptlingssitz. Was sich vorher in diesem Raum abgespielt hat, ist nirgends schriftlich überliefert. Zwischen dem Vareler Geestrücken und der Dangaster Geestaufragung liegt ein weites Gebiet aus Moor und Marsch. Die Bahnstation von Dangast hat lange Zeit Dangastermoor geheißen. Die Sturmfluten des Mittelalters haben die Geestinsel von Dangast umbrandet. Über dem Moor ist, soweit es nicht abgetragen wurde, Marsch abgelagert worden. Zwischen dem Vareler Hafen und Dangast wurden 1935 die Reste einer Burg ausgegraben, bei der es sich um das Steinhaus Dankstede handelte, dessen Lage lange Zeit unbekannt war, bis in den dreißiger Jahren Maulwürfe Steinbrocken ans Tageslicht wühlten und den Vareler Studienrat Ribken auf den Gedanken brachten, an dieser Stelle nach der Burg Dankstede zu suchen, was denn auch von Erfolg war. Aus der Rüstringer Häuptlingsgeschichte wissen wir, daß der Rüstringer Häuptling Edo Wiemken der Ältere »in einem Walde bei Dangast« wohnte und von hier zunächst nach Bant und dann auf die von ihm erbaute Sibetsburg übersiedelte. Die Dangaster Chronik vermeldet, daß die Dangaster 1398 für diesen Edo Wiemken Heeresfolge leisteten. Aus dem Jahre 1400 wird Folkert Jagussen als Häuptling von Dangast genannt, der als Widersacher des oldenburgischen Grafen auftrat. 1407 wurde Dangast von den Bremern zerstört, wahrscheinlich im Zuge des Kampfes gegen den friesischen Seeraub. Aus dem Jahre 1408 ist überliefert, daß um diese Zeit die Dangaster Kirche unbesetzt war. Aus Urkunden ist uns bekannt, daß nach der großen Marcellusflut von 1362 viele Kirchen an unserer Küste unbenutzbar waren. Auch Dangast hatte unter der Sturmflut leiden müssen. Was wieder aufgebaut worden war, wurde 1429 erneut durch eine Sturmflut betroffen. Die Sturmfluten schwächten das Land. Es konnte dem Begehren der oldenburgischen Grafen auf die Dauer nicht widerstehen. So stellten sich denn 1435, nachdem auch die Sibetsburg zerstört worden war, die Söhne des Dangaster Häuptlings, Ike und Riklef, unter den Schutz des oldenburgischen Grafen. Ike und Riklef werden noch 1453 in Verbindung mit ihrem Wohnsitz Dankstede genannt.

Einst ein Teil des großen friesischen Gaues Rüstringen, war Dangast durch die Bildung des Jadebusens und des Schwarzen Brackes und des Lockfleths zu einer Exklave geworden. Dem Einflußbereich der Rüstringer Häuptlinge entzogen, blieb es bei der Grafschaft Oldenburg. Nachdem Graf Anton Günther seinem unehelichen Sohn, dem Grafen Anton von Aldenburg, Varel und Kniphausen überlassen hatte, wurde Dangast Teil der Herrschaft Varel, zunächst unter den Grafen von Aldenburg, dann unter den Bentincks. Den Bentincks verdankt Dangast, daß es heute sich rühmen darf, das älteste Nordseebad zu sein. Als Muster galt dem Reichsgrafen Friedrich Wilhelm Bentinck die britische Insel Wight. 1797 ließ dieser die ersten Badekarren über den Dangaster Strand rollen. Damit war das erste deutsche Nordseebad ins Leben gerufen worden. Der Gedanke war gut. Wenn es auch im Wandel der Zeiten Rückschläge gab, so hat sich Dangast als Nordseeküstenbad doch gerade in der letzten Zeit erfreulich entwikkelt. Das hat manche Mühe und Anstrengung gekostet, auch, daß Dangast in die Landschaftsschutzkarte eingetragen wurde und damit vor Verunstaltung bewahrt blieb.

Doch nicht allein als ältestes Nordseebad stellt Dangast eine Besonderheit dar. Zu Beginn dieses Jahrhunderts wurde es von Malern entdeckt, die als Mitglieder der »Brücke« die deutsche Malerei maßgeblich beeinflußt haben. Karl Schmitt-Rottluff, der 1903 als erster Maler nach Dangast kam, Pechstein, Ernst Heckel, Ernst Ludwig Kirchner und Ludwig Bleyl haben hier mehrere Jahre hindurch gewirkt. Später kam Franz Radziwill hierher. Er hat seine ganz eigene »Handschrift«, er ist über alle Ismen und Formen erhaben, das Vergeistigte und Hintergründige steht über allem Gegenständlichen, mit dem alles Irreale eng verbunden ist. Prof. Radziwill schaut hinter die Dinge und steht doch als Mensch mit beiden Beinen auf der Erde. Nach dem Kriege kam als Flüchtling aus Schlesien Trude Rosner-Kasowski nach Dangast, eine Künstlerin, die zur Einsiedlerin wurde. Zu den Dangaster Malern zählt heute vor allem Willy Hinck, der dem Landschaftlichen starken Ausdruck verleiht. Die »Ureinwohner« von Dangast freilich sind die Bauern und Fischer. Seitdem Dangast den modernen, wuchtig in der Landschaft stehenden Sielbau erhalten hat, besitzen die Fischer auch einen Anlegeplatz.

Kostverloren und Leidenschaften

Vor 50 Jahren etwa hatte ich das Vergnügen, am Kostverloren in Jever »in Logis« zu wohnen. Dort zu leben, ist nur wenigen Menschen beschieden, denn der Kostverloren in Jever ist nur eine kleine Straße, mehr ein Weg, am Rande der Stadt. Ich wohnte dort nicht, weil ich etwa meine Kost verloren hatte (mitleidsvolle Blicke von Fragern konnte ich lächelnd parieren), und andere, die dort lebten, hatten sie ebensowenig verloren. Ich war sogar mit meinem Quartier sehr zufrieden, morgens früh wurde man in den Gärten ringsum vom Gesang der Amsel geweckt. Sie hörte man auch aus der Ferne, etwa vom Kattrepel her, vom Ochsenhammsweg und von der Schlachte, wohin der Kostverloren führt.

Ein Straßenname muß ja auch gar nichts mit den eigenen Verhältnissen zu tun haben. Wir suchen uns den Namen der Straße nicht aus, an der wir uns häuslich niederlassen. Es mag sein, daß einmal am Tatergang in Jever auch Leute gelebt haben, die man vielleicht wegen ihrer Liederlichkeit als Tatervolk bezeichnete im Vergleich zu Zigeunern, die immer wieder von den Gesetzeshütern vertrieben wurden. Aber es wäre sicher beleidigend, wenn man diejenigen, die heute am Tatergang leben, als Tatervolk bezeichnen wollte. Und am Rösterföhr ist auch noch kein Anwohner geröstet worden.

Viele, die solche Straßennamen hören, fragen, wie kommt Jever (und nicht nur Jever) zu solchen Bezeichnungen. Was heißt denn Kostverloren? Vielleicht ist das gar nicht so schwer zu deuten. Von den Heimatforschern hat sich besonders Carl Woebcken damit beschäftigt. Für den Kostverloren und die angrenzende Schlachte hält er die Tatsache für bedeutend, daß Jever im Mittelalter Seehafen war. Jever war durch Tiefs und Meereseinbuchtungen mit der See verbunden, und der Woltersberg am Nordostrande von Jever, nicht weit von der Schlachte entfernt, war möglicherweise in der Normannenzeit eine Festung an einem schiffbaren Gewässer. Das alles hat allerdings nur verhältnismäßig kurze Zeit gedauert, denn im 16. Jahrhundert war es schon mit der großen Bedeutung Jevers als Handels- und Hafenplatz vorbei.

Einen Kostverloren gibt es nicht nur in Jever, sondern auch in Larrelt bei Emden und in Groningen, alles einstmalige Hafenplätze. In beiden Fällen liegt er am Wasser. In Jever führt der Kostverloren von der Kaakstraße in mehreren Windungen zur Schlachte. Von der Schlachte weiß man, daß hier z. Z. Fräulein Marias Jevers Hafen lag, der damals noch durch das Hookstief mit der Jade Verbindung hatte, aber kein eigentlicher Seehafen mehr war. Der Kostverloren ist zweifellos älter als die Schlachte, auch Jevers in den 50er Jahren verstorbener Historiker Georg Andrée hat die Ansicht vertreten, der Kostverloren sei der erste Hafen von Jever gewesen, also noch in der Zeit, als Jever wirklich ein Seehafen war.

Heute ist auch die Schlachte kein Hafen mehr. Das hübsche Gasthausschild des Gasthofes zur Schlachte, 1691 errichtet, erinnert noch mit dem Segelschiff daran, daß er einmal ein Schiffergasthof war, in dem die Seeleute vor Anker gehen konnten. Nicht weit vom Kostverloren lag am Marktplatz der »Schütting«, der leider vor einigen Jahren einem Bankneubau weichen mußte. Der Schütting war die Versammlungsstätte der Kaufleute. Und wie kam der Kostverloren als Straße zu seinem Namen? Man deutet das so: Als Jever aufgehört habe, ein Seehafen zu sein, hätten die Bewohner am Hafen »ihre Kost verloren«. Das ist eine einfache Deutung, oft stimmen aber solche einfachen Erklärungen nicht. Woebcken erwähnt den ostfriesischen Geschichtsschreiber Beninga, der darüber berichtet, daß man den Plan hatte, von der Ems einen Kanal zum Reitdiep in Groningen zu bauen, um Emden zu umgehen, dessen Stapelrecht unbequem war. Die Ausführung dieses Kanals sei bald wieder aufgegeben worden: »de Eemse toe graven bleef een verloren Kost.« Ob aber in Wirklichkeit der Groninger Kostverloren nicht älter ist als das Emder Stapelrecht? Eins scheint sicher, daß der Kostverloren auch in der Bedeutung seines Namens mit dem Hafenplatz zu tun hat. Mehr läßt sich aber auch nicht sagen.

Von Jever können wir nicht ohne eine gewisse innere Leidenschaft sprechen. Nicht wegen des hier hergestellten zarten Blätterteig-Gebäcks, den »Leidenschaften«, die eine jeversche Spezialität sind, sondern wegen seiner noch erhaltenen inneren Harmonie in seinem Stadtbild mit dem Schloß, seinen Kunstschätzen, mit der Gelassenheit seiner Einwohner, denen aber auch das Pathos nicht abgeht bei kommunalpolitischen Dingen, die im Sitzungssaal des in der Zeit der Renaissance erbauten Rathauses ausgefochten werden.

Der Spruch, den man nicht nur von Nicht-Jeveranern gelegentlich hört »In Jever ist alles anders« birgt viel Wahrheit in sich. Jever ist eine besondere Stadt, und wer schon einmal als »Fremder« (und doch nicht Fremder) in ihr gelebt hat, der hat davon erfahren.

Pathos durchweht auch die Geschichte der Stadt. Horand, der Sänger zu Givers auf dem Sand im Gudrunlied, mag ihr als erster hier Ausdruck verliehen haben. Wir wissen freilich nicht, ob dieses Givers wirklich das heutige Jever ist und ob etwa der Dammhalm in Jever die Stätte seiner Burg war, ebensowenig wie wir wissen, wem die Burg gehörte, die an der Stätte des Woltersberges nördlich vor der Stadt lag, etwa jenem Dänen Hariold, der hier einmal im frühen Mittelalter Grafschaftsrechte ausübte, die ihm die Friesen schnell streitig gemacht haben.

Das innere Pathos eines Künstlers offenbart sich

in den beiden berühmten Kunstwerken, die Jever vorzuzeigen hat: der geschnitzten Decke im Audienzsaal des Schlosses und des Denkmals für Jevers Häuptling Edo Wiemken den Jüngeren, den Vater der letzten Herrin Maria von Jever, die diese Werke auch hat anfertigen lassen von dem Antwerpener Meister Cornelis Floris. Und Maria von Jever? War auch ihre Regierungszeit nicht erfüllt von der inneren Leidenschaft einer Frau? Sie mußte sich gegen viele Widersacher und manche Unbill zur Wehr setzen und beschwerliche Reisen nach Brüssel unternehmen, um die Selbständigkeit ihres Landes vor dem Zugriff der ostfriesischen Grafen zu erhalten. Auch im eigenen Lande bereiteten ihr die Herren von In- und Kniphausen (und auch andere), die sich gegen sie stellten, und der Tod ihres Verlobten Boynck von Oldersum, der als Ostfriese treu zu ihr gehalten, schweren Kummer.

Nicht zuletzt die Geschichte der Stadt hat bewirkt, daß der Jeveraner sie mit Leidenschaft liebt. Das kam auch zum Ausdruck in den letzten Tagen des zweiten Weltkrieges, als sie laut dagegen protestierten, daß eine verantwortungslose Führung ihre Stadt zu gefährden drohte. Und als in den Jahren nach dem Kriege manches vom alten Jever verschwinden sollte und auch verschwand (das Drostehaus und die alte Fleischhalle z. B.), hat es in Jever an leidenschaftlichem Widerspruch nicht gefehlt. Man ist auch nicht einer Meinung darüber, wie man die 1959 abgebrannte Stadtkirche durch einen modernen Neubau ersetzt hat, obwohl sie, wie ich meine, eine beachtliche bauliche Leistung ist. Bei einem Bummel durch Jever komme ich nicht an ihr vorbei, ohne mich darin umzuschauen. Es traf sich, daß auf der Orgel gespielt wurde, die der Wilhelmshavener Orgelbaumeister Alfred Führer gebaut hat. Ich setzte mich in eine der Bänke, lauschte den Klängen und kam mir recht bald kleiner und kleiner vor in diesem hohen Raum, der dem Göttlichen und der Wirklichkeit in gleicher Weise nahe ist. In der katholischen Marienkirche, deren heller Turm über den alten Häusern der Kleinen Burgstraße aufragt, umfängt uns dann eine Welt heiteren Glanzes. Der Rathausgiebel des 16. Jahrhunderts schaut ernst und mit Würde auf den Kirchplatz, die Abschreckköpfe am Giebel eines der den Kirchplatz säumenden Häuser sind stumme Zeugen alten Volksglaubens.

Ein Naturdenkmal in Jever ist der Schloßgarten, aus dem der mächtige Turm des Schlosses mit seiner Zwiebelkuppe emporragt. Nachdenklich steht mancher Besucher des Gartens vor der Öffnung des unterirdischen Ganges, in dem der Sage nach Maria von Jever verschwunden ist und einmal wiederkehren soll. Das wird sie ebensowenig, wie sie in diesem Gang verschwunden ist. Das ist auch gut. Sie würde unsere Zeit nicht verstehen und sich kaum in ihr zurechtfinden, sie, die noch in der Zeit der beginnenden Reformation Hexen verbrennen ließ, weil man glaubte, auf solche Weise Zauberei ausrotten zu können. Aber wir alle sind ja Kinder unserer Zeit und in unseren eigenen Vorstellungen und Irrtümern befangen.

Das Dorf der Puutenfanger: Sillenstede

Viele Straßen führen nach Sillenstede. Man hat es auch das Herz des Jeverlandes genannt. Das macht seine Lage zwischen Hooksiel, Sengwarden, Fedderwarden, Accum, Grafschaft, Jever und Waddewarden. Von allen Seiten führen Straßen auf Sillenstede zu – so sehen es jedenfalls die Sillensteder, die sich der Bedeutung, aber auch des Reizes ihres Ortes bewußt sind.

Die Autobuslinie von Wilhelmshaven nach Jever macht zwar einen Bogen um die Ortschaft selbst, aber die Haltestelle in Grafschaft befindet sich schon auf altem Sillensteder Gebiet, wenn das Ganze nun auch zur Gemeinde Schortens zählt, wie es die Gebietsreform bestimmt hat.

Der Weg oder, besser gesagt, die Straße, die von der Grafschafter Haltestelle, von dem früheren »Peter Gravens Land«, in das Sillensteder Loog führt, ist besonders reizvoll. Wir gehen hier am Rande des Geestrückens, der sich an dieser Stelle weit in die jeverländische Marsch vorschiebt und an dessen Spitze Sillenstede liegt. Rechter Hand dehnen sich die grünen Weiden der Marsch in der Niederung mit ihren Tiefs und Gräben. Linker Hand steigt die Landschaft an.

Am Rande von Marsch und Geest, umgeben von Wiesen, Feldern, Wald und Moor, hat sich im Laufe von Jahrhunderten ein stattliches Dorf entwickelt. Es mag richtig sein, daß der Name zurückgeht auf Zielens, eine jetzt zu Sillenstede gehörende Wurtensiedlung in der Marsch, aber auch der heute noch in die Marsch hineinragende Geestvorsprung des Dorfes hat sicherlich schon in früheren Zeiten eine besondere Bedeutung gehabt. Was sind das alles für eigenartige Namen, die uns auf einer Wanderung durch die Gemeinde begegnen. Da ist Hogenell und der Hengstwarf, der Hünerberg und der Tjüchweg, das Gosemeer und das Kattenmeer, der Deepsdammerweg und die Hickenfenne. Wenn wir der Bedeutung all dieser Namen nachgehen, dann offenbart sich uns Sillenstede als eine alte Siedlung mit der Dreiheit altgermanischer Wirtschaftsweise, dem

Dorfacker auf den Gasten, der Ostergast und Westergast, der Gemeindeweide in den Fennen, den Wiesen, die der Dorfgemeinschaft als Mähland dienten. Dazu trat der Gemeindewald, der heute noch u. a. im Marienholz erkennbar ist. Wie auf der Geest, so finden wir auch in der Marsch in den alten Flurnamen wie Ollacker und Hoheesch Spuren früher Besiedlung und einer alten Tradition der Bodenkultur. Der Hünerberg schließlich, der kurz vor dem Dorf westlich der Straße sich erhebt, die wir hinuntergewandert sind, mag ein alter Begräbnisplatz sein.

Die Landschaft mit ihren alten Flur- und Landschaftsnamen ist gleichsam das älteste Buch der Geschichte unserer Heimat. Erst aus dem Mittelalter sind uns schriftliche Aufzeichnungen bekannt. Sillenstede ist da besonders gut dran. Wir hören von ihm bereits aus dem Jahre 1138. Damals wurde in Sillenstede ein junger Oestringer begraben, der bei einem Begräbnis von einem Wangerländer erschlagen worden war, was der Anlaß wurde zu der dreißig Jahre dauernden blutigen »Oestringer Fehde«, in der Rüstringer, Oestringer, Wangerländer, Harlinger und Norderländer aufeinander einschlugen.

Damals wurden in der Nähe von Sillenstede zwei große Schlachten ausgefochten. Bei den Friedensverhandlungen zur Beilegung der 1148 vom Zaun gebrochenen Oestringer Fehde war im Jahre 1168 von einer Stiftung für die Sillensteder Kirche die Rede.

Was war das für eine Kirche, der die Stiftung galt? Die jetzige oder noch eine Vorgängerin? Das eine wie das andere könnte richtig sein. Wenn die Eintragung der Jeverschen Chronik: »Anno 1233. Is Zillensteder Kirke gebuwet« richtig ist, dann könnte die Stiftung 1168 der Vorgängerin gegolten haben, zumal ja der schon mehr als 30 Jahre vorher erschlagene Oestringer offenbar auf dem Sillensteder Begräbnisplatz begraben worden ist, hier also auch wohl eine Kirche gestanden haben muß. Heimatforscher haben sich denn auch schon ihre Gedanken um diese Frage gemacht, einmal haben sie das Datum des Baujahres (1233) angezweifelt und gemeint, die Kirche könnte getrost 100 Jahre älter sein. Pastor Carl Woebcken glaubt, als Vorgängerin der jetzigen Kirche eine ältere annehmen zu können, die aus Tuffstein erbaut worden war. In Verbindung mit der turbulenten Oestringer Fehde ergeben sich da viele Möglichkeiten. Vor allem diese, daß in den Kämpfen die alte Sillensteder Kirche zerstört wurde und daher die Stiftung von 1168 eine Art »Wiedergutmachung« war, die den Bau der jetzigen Kirche ermöglichte. Das würde auch die beim Turmbau erfolgte Verwendung von Tuffstein erklären, der von der älteren Kirche stammen könnte.

Das 12. Jahrhundert kann an unserer Küste als das Jahr der mächtigen steinernen Saalkirchen angesehen werden. Die Sillensteder gilt als ein Meisterwerk mittelalterlicher Kirchenbaukunst. Immer wieder beeindruckt uns die Größe und die Wucht der in verschiedenen farblichen Nuancen belebten Mauern aus mächtigen Granitsteinen, die ebenmäßig aufeinander getürmt worden sind. Welche Arbeit mußte dabei aufgewandt werden! Was muß das alles gekostet haben! Jahrzehnte mag der Bau beansprucht haben, wissen wir doch, wie lange der Bau der großen Dome des Mittelalters oft gedauert hat. Wenn das Jahr 1233 als »Baujahr« angegeben wird, so ist es allenfalls das Jahr seiner Fertigstellung gewesen. Der Baubeginn muß also sicherlich schon im 12. Jahrhundert liegen.

Die Sillensteder haben, das kündet dieser Bau, ihre Ehre darein gesetzt, ein Gotteshaus gleichsam für die Ewigkeit zu errichten, als ein steinernes Denkmal des Glaubens. Starke Eisenanker haben ihr

Teil dazu beigetragen, daß die Mauern bis heute gehalten haben, allen Stürmen der Zeit haben sie getrotzt.

Mit einer Länge von 41,42 m, einer Breite von 10,30 m und einer Höhe von 10,80 m ist sie die größte der Kirchen des Jeverlandes, und sie gehört dazu auch noch zu den heimatlichen Bauwerken des romanischen Mittelalters, die innen und außen ihre alte Form bewahrt haben.

Das Innere der Kirche birgt viel Sehenswertes. Ein Triumphbogen trennt Kirchenschiff und Chor. In acht Nischen stehen Heiligenfiguren. Zu jeder Seite des Triumphbogens sind ihm Ciborien vorgesetzt, in denen früher Altäre standen. Wie die Heiligenfiguren ist auch der im Chor aufgestellte romanische Taufstein westfälischen Typs aus Sandstein gefertigt. Er ist einer der wertvollsten Taufsteine des Jeverlandes. Aus gotischer Zeit stammt nur der Flügelaltar.

Von starker Eindringlichkeit wirkt das Gesamtbild der Kirche mit dem in einigem Abstand in Granit errichteten Glockenstuhl, in dem auch die 1440 von Gert Klinghe aus Bremen gegossene Glocke erklingt.

Viel haben diese Mauern in den 7 Jahrhunderten erlebt. Von manchem Ereignis berichtet uns die Sillensteder Chronik. Die Truppen Heinrichs des Löwen lagerten bei Sillenstede in der Oestringer-Fehde im Jahre 1154 und wurden bei Barkel von den Oestringern geschlagen. 1350 wütete eine Pestepidemie. Der Häuptling Fulf von Inhausen leistete in der Sillensteder Kirche 1474 dem jeverschen Häuptling Edo Wiemken d. J. den Treueid, den er später nicht gehalten hat, weil er hernach zum ostfriesischen Grafen hielt. Dieser fiel 1495 in das Jeverland ein, und es gab Brand und Plünderung, auch in Sillenstede. 1543 mußten Sillensteder Bauern Torf vom nahen Moor nach Jever liefern zur Verbrennung der Hexen. Das war nicht mehr als recht und billig, denn auch eine Sillenstederin wurde als Hexe verbrannt. Es war Hyme Alberts, die Menschen und Vieh behext, Gesunde krank und Kranke gesund gemacht haben soll. Weihnachten 1717 drang die Sturmflut bis an das Dorf, und es ertranken 24 Sillensteder in den Fluten. 1797 wurde das erste Sillensteder Schützenfest gefeiert. Einige Jahre später kamen dann französische Truppen ins Land, und Napoleon ließ auch zahlreiche Sillensteder für seinen Feldzug gegen Rußland ausheben. Viele von ihnen kehrten nicht wieder zurück.

So hat jedes Dorf seine Geschichte. Zwei Sillensteder haben sie erforscht. Carl Woebcken und der vor diesem 1947 verstorbene Georg Janßen, der in Sillenstede auf Wulfswarfe geboren wurde und seine Lebensarbeit daransetzte, Sillenstedes Vergangenheit zu erkunden und der Heimat durch seine Arbeiten zur Kultur- und Familiengeschichte des Jeverlandes zu dienen. Carl Woebcken, dessen »Wanderfahrten durch das Friesenland« 1982 neu erschienen sind, erwarb sich große Verdienste um die lebendige Darstellung der friesischen Geschichte und durch seine Beiträge zur historischen Entwicklung unserer Küste sowie zur Geschichte der Sturmfluten.

Was nun das »wohlgebaute« Dorf betrifft, so hat Sillenstede auch seine besonderen Vorzüge aufzuweisen. Ich erlebte sie oft, als ich Georg Janßen durchs Dorf begleitete, als er wegen eines Leidens an den Rollstuhl gefesselt war. Hinterher war es der zeitweilig in Sillenstede amtierende Wilhelmshavener Pastor Stein, der eine Volkshochschulgruppe, die sich Sillenstedes Kirche von ihm erklären lassen wollte, zur zeitlichen Überbrückung auf den Krug neben der Kirche verwies, auch zu einer besonderen Art »innerer geistiger Einstimmung« auf seine Führung. Nun fragten wir uns, ob wir es wagen sollten, bei dem Kröger zum eisgekühlten Korn einen Puutaal zu bestellen, wußten wir doch, daß solch ein Tier den Anlaß dazu gegeben hatte, die Sillensteder hämischerweise als Puutenfanger zu titulieren. Wir wagten es nicht, den Wirt darauf anzusprechen, vielleicht hätte er den Spaß nicht recht verkraften können. Zwischen Spott und Verleumdung sind die Grenzen nun mal fließend, obwohl sich die Sillensteder den Puutaal in ihr Wappen genommen haben.

Wie kommt es, daß spottlustige Nachbarn sie als Puutenfänger bezeichnen? Man erzählt sich, die Sillensteder hätten einmal auf Fischfang gehen wollen (das muß eigentlich schon lange her sein), vorher hätten sie ein großes Wort darüber geführt (was immer gefährlich ist). Tatsächlich fingen sie nichts weiter als die landläufig so bezeichneten Puutaale, das sind minderwertige Aalquappen. So kamen sie aber zu dem Spottnamen: die Puutenfanger.

Eines darf man besonders zum Lobe der Sillensteder sagen: Sie sind immer mit der Zeit gegangen. Während der Kontinentalsperre war in der Sillensteder Marsch der Hof Wulfswarfe Hauptstapelplatz für Schmuggelware. Im Revolutionsjahr 1848 versammelten sich die Sillensteder (oder viele von ihnen) in den »Fennen« (Weideland) zu einer Volkskundgebung (Demo sagt man heute ja wohl) und trugen dabei die schwarz-rot-goldene Kokarde an den Mützen. Schon 1883 hatten sie eine feste Straße nach Jever und 1889 eines der ersten Telefone im Jeverland.

»Dat Leben geiht up un dal as 'n Püttswengel«, lautet der Spruch eines Sillensteder Bauern, und auch die Geschichte Sillenstedes lehrt das.

Der abtrünnige Häuptling von Minsen

Von Horumersiel nach Schillig zu wandern ist an stillen und warmen Sommertagen wie auch an einem stürmischen Herbsttag eine gleich genüßliche Angelegenheit, man muß nur entsprechend gekleidet sein. Der Weg hart an der Wasserkante läßt den Blick frei über die Jade. Entweder spülen oder branden die Wellen des Meeres gegen die Steinböschung (oder sie rollen gar vor unsere Füße) oder das Schlick- und Sandwatt glänzt weithin ebenso unter einem hellgrauen Wolkenhimmel wie in der Sonne.

Wir können hier vielen Gedanken nachhängen. Vor uns breitet sich die »Schillig-Reede«, aus dem ersten Weltkrieg bekannt als Ankerplatz der deutschen Flotte, die von hier zu ihren Unternehmungen gegen die englische Flotte auslief, aber auch durch den Ausbruch der Revolution im November 1918. Vielleicht kommt heute gerade eine Fregatte oder ein Zerstörer der Bundesmarine die Jade herunter oder einer jener Riesentanker läuft in die Jade ein auf dem Wege zum Wilhelmshavener Ölhafen.

Wir können uns aber noch viel weiter in die Vergangenheit zurückträumen. Da hat es an dieser Nordostseite des Jeverlandes manche Sturmflut gegeben. Sie überspülte die Deiche und zerstörte sie. Die alten auf Wurten angelegten Ortschaften in dieser Ecke, Förrien, Bassens, Minsen, St. Joost und weiter südlich auch Wüppels, haben böse Tage erlebt. Stück um Stück des Landes mußte man an der Küste Schilligs dem Meere überlassen. Noch 1545 baute man einen Deich, der mehrere km vor dem heutigen Seedeich gelegen hat. 1695 mußte ein weites Gebiet ausgedeicht werden, nach der Weihnachtsflut von 1717 mußte man noch weiter zurückweichen.

Inzwischen ist vor dem Deich ein neuer Groden

angewachsen, der Elisabeth-Außengroden, und zu einem Naturschutzgebiet erklärt worden, das man auf einigen Lehrpfaden besuchen kann, wenn man dabei beachtet, nicht vom vorgeschriebenen Wege abzuweichen. Von hier schauen wir hinüber nach Wangerooge, der Nordseeinsel, und sehen auch die jung aufgeschwemmte (künstliche) Insel von Minsener-Oldeoog, die auch zum Naturschutzgebiet erklärt wurde, bis auf einen kleinen Zipfel, den die Wattwanderer aus Schillig ansteuern können, wenn ein Wattführer sie dorthin geleitet. Das Wattwandern ist so eine Sache. Auf eigene Faust sollte man eine solche Wanderung nicht unternehmen, sie wäre leicht ein Weg ins Ungewisse, in den Tod. Und man sollte, wenn man sich einem Wattführer anvertraut, bedenken, daß das Watt ein wichtiges Lebenselement ist, in dem man nicht wahllos herumwandern sollte.

Das Land vor und hinter dem Deich hat viele Schönheiten eigener Art. Wir haben hier noch weitgehend unverfälschte Marschenlandschaft. Die Kirche von Minsen ragt daraus hervor. Von Minsen ist schon früh in unserer heimatlichen Geschichte die Rede. Der Bremer Erzbischof Adaldag soll hier schon im Jahre 938 eine Kirche gegründet haben; wenn das richtig ist, dann ist es noch nicht der jetzige Bau gewesen, sondern eine Kirche aus Holz, wie sie damals noch üblich waren zu Beginn der Christianisierung der Friesen. Die jetzige aus Granitfindlingen erbaute romanische Einraumkirche ist im 12. oder 13. Jahrhundert errichtet worden. 1320 wird sie auf jeden Fall schon etwa hundert Jahre gestanden haben, als der päpstliche Kollektor Jacobus de Rote hier einen Betrag von 5 Mark gebucht hat.

Zeitweilig müssen in Minsen Pfarrer amtiert haben, die den Bauern des Landes gut zuzureden wußten und deren Gläubigkeit in blanke Münze umsetzen konnten (vielleicht taten es die Bauern sogar aus eigenem Antrieb). 1504 bedachte ein Bauer aus Horum die Kirche mit einer Anzahl »Winterochsen« und ein anderer schenkte ihr 6 ha. Einem dritten Bauern tat allerdings seine hohe testamentarische Schenkung an die Kirche noch vor seinem Ableben wieder leid. Er änderte sein Testament zugunsten seiner Frau, Etta mit Namen – vielleicht hat diese ihren Mann Folkert Inen noch rechtzeitig wieder auf den Weg des »Familiensinns« bringen können, wenn nicht Folkert Inen selbst anderen Sinnes geworden ist – des Menschen Sinnen und Trachten geht ja oft geheimnisvolle Wege.

»Dat geiht in as dat Beden to Minsen!« Das ist kein Satz, der böse gemeint war. Auf hochdeutsch heißt er nämlich: »Das geht zu Ende wie das Beten zu Minsen.« Der Satz zielt darauf ab, daß infolge der vielen Überschwemmungen in den Sturmfluten die Kirche nicht erreicht werden konnte und der Gottesdienst ausfallen mußte und nicht in der Kirche gebetet werden konnte.

Garlich Duren hätte sich auf seine Pflichten besser besinnen müssen, als er nach dem Tode von Edo Wiemken dem Jüngeren im Jahre 1511 dank seiner Stellung als Häuptling in den Kreis jener Häuptlinge gerufen wurde, die bis zur Volljährigkeit der von Edo Wiemken hinterlassenen Kinder die Regentschaft über das Jeverland übernahmen und sie natürlich im Sinne des jeverschen Hauses hätten ausüben müssen. In jener Zeit aber, da die Grafen von Ostfriesland mit ihren Ansprüchen auf das Jeverland auch die Regenten bedrängten, gehörte Garlich Duren, der eine Ostfriesin geheiratet hatte, zu den Häuptlingen des Landes, die den Einflüssen der ostfriesischen Grafen unterlagen. Er war zudem auch auf die Verbesserung seiner eigenen Machtstellung bedacht, ebenso wie wir es von den Roffhausern wissen. Er erreichte es, daß ihm die Bauern auf der Wurt Bassens dienstpflichtig wurden, und maßte sich die Gerichtsgefälle und Abgaben, die der Herrschaft in Jever zustanden, eigenmächtig an. Duren befestigte auch seinen eigenen Wohnsitz in Tengshausen und benutzte dazu Steine von der Ummauerung des Kirchhofs in Minsen. Sein Sohn wurde von ostfriesischen Gnaden Drost in Wittmund. Mit einem Fehdebrief an die inzwischen zur Herrschaft gekommene Maria von Jever sagte er sich von ihr los. Das war nicht nur ungehorsam, sondern auch dumm von ihm. Denn nun zog Maria zur Vergeltung sämtliche Güter Garlich Durens für die Herrschaft in Jever ein. Wir wissen es ja aus der Geschichte: Fräulein Maria von Jever war eine gute Landesmutter, aber hart und unnachsichtig in der Politik zur Erhaltung ihrer Landeshoheit und ebenso hart auch gegen Untreue.

Es gibt noch vieles, was uns hier im nördlichen Jeverland anziehen und unser Interesse erwecken kann. Da ist Hohenkirchen, wo sogar der Bremer Erzbischof Ansgar im 9. Jahrhundert die erste Kirche gegründet haben soll. Sie war Send- und Gaukirche des Wangerlandes, und von Gokerke wird auch der Name Hohenkirchen hergeleitet. Im hohen Mittelalter ist dann auch hier die romanische Steinkirche errichtet worden. Sie weist einen besonders schönen Taufstein auf, der von Löwen getragen wird. Daß einer dieser Löwen einen Menschen verschlingt, hat in seiner symbolischen Bedeutung schon manches Rätsel aufgegeben. Die Taufe soll uns ja auch vor dem Bösen bewahren, und das Böse, das in vielfacher Gestaltung an den alten Kirchen, den großen Kathedralen sowohl wie an den »Dorfkirchen« zum Ausdruck kommt, soll uns immer wieder ermahnend vor Augen geführt werden.

Der Münstermannsche Altar der Kirche, der aus dem Jahre 1520 stammt, hat den Manierismus der damaligen Zeit schon stark in das Barocke erhoben und ist in der Darstellung des Abendmahls und der biblischen Figuren von großer Lebendigkeit.

Auf der in der Nachbarschaft des Ortes gelegenen Wurt Landeswarfen saßen die Häuptlinge von Hohenkirchen, sie haben im öffentlichen Leben des Jeverlandes in ihrer Zeit eine hervorragende Stellung eingenommen. Der expressionistische Klinkerbaumeister Fritz Höger gab 1934 durch den Hohenkirchener Wasserturm der Silhouette des Ortes einen neuen Akzent, und als Sitz der Gemeinde Wangerland ist er längst über seinen dörflichen Charakter schon sehr lange hinausgewachsen. Bereits vor 150 Jahren hatte er »mehr das Ansehen eines Fleckens« und war »nächst Jever der wichtigste Ort« in der damaligen Erbherrschaft Jever im Großherzogtum Oldenburg. Eine Besonderheit des Kirchhofes sind die Gruften bedeutender Bauerngeschlechter der Gemeinde Hohenkirchen, und die vielen alten im Lande verstreut liegenden Siedlungsplätze und Höfe zeugen von der Wohlhabenheit, die hier zu allen Zeiten geherrscht hat, sooft das Land auch von Wassersnot und anderer Unbill heimgesucht worden sein mag.

... de annern sünd to Schörtens

Wenn heute von der friesländisch-jeverländischen Gemeinde Schortens die Rede ist, dann ist damit ein weit ausgedehntes Gebiet in der nächsten Nachbarschaft Wilhelmhavens gemeint, das in nördlicher

Richtung an die Stadt Jever und die Gemeinde Wangerland reicht. Es umfaßt Gebiete, deren Einwohner früher einmal den Schortensern mit Zurückhaltung gegenüberstanden und dem kirchlichen Liede »Liebster Jesu wir sind hier« die Worte anhängten »de annern sünd to Schörtens«, womit sie offensichtlich die Schortenser als weniger fromm bezeichnen wollten, als sie es selbst zu sein glaubten . . . Den Schortensern traute man ja nicht viel Gutes zu. Als am 20. November 1738 der fürstliche Wildschütze Anton Richter in Upjever-Oestringfelde den »letzten Wolf« erlegte, den man in der Nähe des einstigen Klosters Oestringfelde an einem Galgen aufhängte, behaupteten die »lieben« Nachbarn, der Wolf sei ein Hund gewesen, weshalb die Schortenser dann den Spottnamen »Hundehanger« erhielten. Als die Nachfahren der Hundehanger dann 1931 den Wolfgalgen zur Erinnerung an jenes Ereignis vor beinahe 200 Jahren wieder errichteten und das mit einer Feier verbanden, bewiesen sie nicht nur ihre Anhänglichkeit an historische Überlieferungen, sondern auch einen Schuß Humor. Inzwischen ist dieser Galgen erneuert worden und zu einem wichtigen heimatkundlichen Symbol geworden im Sinne des Wahlspruchs von 1931: »Treulich wahrend Vätererbe«.

Bei dieser Schortenser Betrachtung brauchen wir nicht so weit umherzuschweifen, wie es der Schortenser Bürgermeister und der Gemeindedirektor heute tun müssen, um die ganze Gemeinde zu bereisen. Wir bleiben im wirklichen Schortens, worin wir Heidmühle und den geschichtsträchtigen Klosterpark mit einbeziehen. Denn Schortens und der Klosterpark in Heidmühle gehören im gewissen Sinne auch historisch zusammen. Beide Stellen haben in der Oestringer Fehde von 1138 bis 68 eine Rolle gespielt. Die Oestringer haben in diesem blutigen

30jährigen Krieg einige siegreiche Schlachten geschlagen, vor denen sie jeweils ein Gelübde ablegten, was gleichzeitig auch ausweisen dürfte, daß sie schon damals recht fromme Leute gewesen sein müssen. Aufgrund dieser Gelübde entstanden einmal die einst mächtige, heute nur noch in einem Fragment erhaltene Klosterkirche auf dem »Marienfelde« in Heidmühle und der noch gut erhaltene Bau der Schortenser Kirche, die noch immer der Mittelpunkt des alten Schortens ist.

Von der Schortenser Kirche heißt es wohl mit einigem Recht, daß sie die älteste des Jeverlandes ist. Sie wurde errichtet nach der in Oestringfelde 1153 von den Oestringern siegreich überstandenen Schlacht gegen ein von dem Oldenburger Grafen Christian, einem Grafen von Jülich, einem Gerd von Bruchhausen und andere Heerführern angeführtes Heer, das in die Oestringer Fehde einzugreifen versuchte. Mit dem Bau einer Kirche in Schortens gelobten die Oestringer jährlich das Marienbild des Klosters Oestringfelde durch Oestringen zu tragen.

Der Bau der Kirche wurde mit Granitfindlingen begonnen und dann in Tuffstein ausgeführt, der vom Brohltal am Rhein zu Schiff und über die Niederlande eingeführt wurde. Man darf mit Recht von einer 800jährigen Geschichte dieses Bauwerks sprechen. Die Zeiten haben den Mauern manche Wunden geschlagen. Kriege und Verwitterung haben ihnen zugesetzt, aber dennoch haben sie allen Stürmen getrotzt. Eine Wehrkirche? Nun, es hat auch Kämpfe im Laufe der Jahrhunderte hier gegeben, aber im Grunde war die Kirche eine Stätte der Geborgenheit, des Schutzes in Notzeiten, der Andacht und des Bekenntnisses zum Glauben. Erst der Häuptlingszeit im 14. Jahrhundert blieb es vorbehalten, aus der Kirche eine mit einem Wall befestigte Burg zu machen, die Oestringen schützte und später das Jeverland an seiner Südwestecke. Manch harter Kampf ist hier zwischen den Häuptlingen diesseits und jenseits der Grenze Oestringens ausgetragen worden. Der ostfriesische Häuptling Keno tom Brook brandschatzte die Kirche 1361. Rüstringens Häuptling Edo Wiemken der Ältere setzte einen Vogt auf die Kirche. In Schortens war es offenbar auch, wo er den Bruder des Schortenser Pfarrers, den Priester Herko, gefangennahm und auf die Sibetsburg schaffte, wo er den Priester verhungern ließ. 1474 ließ der Häuptling Sierk von Friedeburg Schortens in Flammen aufgehen, und 20 Jahre später fielen die Häuptlinge von Gödens als Verbündete des ostfriesischen Grafen in Schortens plündernd ein. 1515 erlebte Schortens den Einfall des ostfriesischen Grafen Edzard.

Der Turm, der neben der Kirche steht, hat sein eigenes Schicksal gehabt. Er war früher höher, aber 1611 wurde die Spitze bei einem Gewitter zerstört. In geringerer Höhe wiederhergestellt, stürzte die Turmspitze 1676 erneut ein und beschädigte die Kirche. Um 1817 brannte der Turm noch einmal wieder aus.

Auch in ihrem Inneren ist die Kirche sehenswert. Der Flügelaltar, der wahrscheinlich dem 15. Jahrhundert angehört, ist ein hervorragendes Kunstwerk. Er gehört zu jenen niederdeutschen Altarschreinen, auf denen die Emmausszene dargestellt ist. Besonders bemerkenswert ist auch, daß die Kirche einen Lettner hat, wie wir ihn nur in wenigen friesischen Kirchen sehen. Der Lettner trennt Chor und Kirchenschiff. In der katholischen Zeit haben in den beiden seitlichen Rundbögen des Lettners die Nebenaltäre gestanden. Die Kirche gehört zu den flachgedeckten einschiffigen romanischen Kirchen. Sie wurde möglicherweise erst später mit einer Apsis versehen, wie die Trennung von Chor und Schiff durch den Lettner ja auch erst nachträglich, nämlich in gotischer Zeit, erfolgt ist.

Und noch eine Merkwürdigkeit weist die Kirche auf. An der Südmauer befinden sich im Tuffstein rillenartige Vertiefungen, auch wohl Teufelskrallen genannt oder als Wetzrillen bezeichnet. Aber die Deutung, hier hätten die Krieger früher ihre Schwerter geschliffen, ist wohl endgültig ins Reich der Fabel zu verweisen. Andere Deutungen sind schon ernster zu nehmen. Die eine besagt, und sie stützt sich auf Äußerungen des Bischofs Gregor von Tours, früher habe man das vom Steine abgeschabte Pulver als Abführmittel gebraucht, und auch der Seele sei es bekömmlich gewesen. Und eine andere Deutung weist auf die Feuerweihe am Ostersonnabend hin. An der Kirche habe man an dem Stein Feuer geschlagen, und dadurch seien die Rillen entstanden.

Machtvoll ragt die Kirche zu Schortens auf, weithin das Bild der Landschaft beherrschend. Es ist altes Siedlungsland. Wenn südlich von Schortens sich auch weithin die junge Marsch dehnt, so liegt Schortens selbst doch auf der Geest. Der Forst Upjever ist nahe und Oestringfelde, die einstige Heide. Mancherlei Funde in der Umgebung von Schortens weisen auf die alte Besiedlung hin, auch der Flurname Schortenser Gast erinnert daran und nicht zuletzt die bronzezeitlichen Gräber und Urnenfunde in dieser Gegend. Vermutlich befand sich in der Nähe von Schortens, zu Oestringfelde nämlich, wo das Kloster errichtet wurde, ein in vorgeschichtlichen Tagen bedeutsamer Versammlungsplatz, eine vorchristliche Kultstätte.

Von der zu Addernhausen gefundenen Feuersteinaxt bis heute sind es etliche tausend Jahre, in denen Menschen hier gelebt und seßhaft gewesen sind.

Unweit von Schortens stand einst das Kloster Oestringfelde. Von ihm ist der Klosterpark noch erhalten mit Resten des Klosters unter Hügeln und dem Sockel des Turmes der Klosterkirche. Auch sie geht in die Zeit der Oestringer Fehde zurück, auch sie entstand aus einem Gelübde. Dieses Mal waren die Rüstringer die Gegner der Oestringer. Die Rüstringer hatten Oestringen verheert. Die Oestringer zogen sich in das sumpfige Gebiet von Schukeldemeri, dem heutigen Schakelhave, zurück. Es war vereist, doch als die Rüstringer ihre Gegner hier angriffen, brachen sie im Eise ein. Das war ihrem Angriff nicht gerade dienlich. Sie verloren die Schlacht. Die Oestringer dankten für den Sieg, indem sie zu Ehren der Gottesmutter Maria »uppen Velde«, den die Oestringer Chronik mit »up dem wilden velde, welker Oestringervelde genomet wird« näher bezeichnet, eine Klosterkirche bauten. Das geschah in der zweiten Hälfte des 12. Jahrhunderts. Im Kloster lebten Geistliche nach der Regel der Benediktiner, die 1350 allesamt der Pest zum Opfer fielen, wonach Dominikanerinnen aus Norden in das Kloster einzogen, das in der Reformationszeit aufgehoben wurde. Die Gebäude verfielen dem Abbruch, auch der mit 55 m zweithöchste Turm Frieslands, von dem noch ein Bild aus dem Jahre 1759 vorhanden ist. Der damals im Jeverlande regierende Fürst Friedrich August von Anhalt-Zerbst konnte die Steine offenbar besser verwenden und ließ den Turm 1769 abbrechen. Denkmalschutz kannte man damals noch nicht. Wir können heute nur bedauern, daß auf solche Weise eines der interessantesten Baudenkmäler des Mittelalters in unserer Heimat verlorenging.

Es scheint, daß die Stätte des Klosterparks, der auch botanisch eine Sehenswürdigkeit darstellt, in ihrer alten kultischen Bedeutung nicht hoch genug eingeschätzt werden kann. So liegt der Brauch noch nicht allzuweit zurück, daß die jungen Handwerksgesellen aus Jever, wenn sie auf die Wanderschaft gingen, bis hierher geleitet und hier verabschiedet wurden!

Der Priestermord in Tettens

Tettens gehört zu jenen Dörfern des nördlichen Jeverlandes, das in der ersten Hälfte des 19. Jahrhunderts noch Sitz eines Amtes war und mit mehr als 1400 Einwohnern ein stattliches Kirchspiel. Im eigentlichen Kirchdorf am Garmser Tief waren viele Handwerker tätig, und heute ist es erst recht ein Mittelpunkt einer großen kirchlichen Gemeinde. Diese verfügt über eines der schönsten und auch ältesten Gotteshäuser des Jeverlandes. Niemand, der einmal hierherkommt, sollte an ihr achtlos vorübergehen.

Als vor einigen Jahrzehnten noch Pastor Thorade in Tettens amtierte, Posaunist und Wangerooge-Wattwanderer aus Passion, empfing er Besuchergruppen, die sich bei ihm zur Besichtigung der Kirche angemeldet hatten, mit den Klängen aus seiner Posaune, die durch das ganze Dorf hallten. Er wußte auch, womit er seine Besucher sogleich zu fesseln wußte. Er erzählte zuerst eine Moritat, die einmal in der Kirche geschehen sein soll, um hinzuzufügen, daß eine solche Moritat, die auch von anderen Orten berichtet wird, nur eine Sage ist, daß man aber nichtsdestotrotz in der Kirche eines Priestermordes ansichtig werden könne.

Nun, wer sollte da nicht neugierig werden?! Indem Pastor Thorade seine Besucher beim Betreten der Kirche auf das schöne gotische Sakramentshäuschen aufmerksam machte, das im Chorraum aufragt, erwähnte er den Häuptling von Middoge, der einmal, als er die Kirche betrat und feststellte, daß der Pastor schon vor seinem Erscheinen mit dem Gottesdienst begonnen hatte, diesen einfach niedergeschossen haben soll.

Und was ist das nun für ein tatsächlicher Priestermord, der hier in der Kirche zu sehen ist? Pastor Thorade zeigte auf den aus der Mitte des 15. Jahrhunderts stammenden Flügelaltar. Auf ihm ist er dargestellt.

Dieser Altar ist deshalb so ungewöhnlich, weil auf ihm nicht, wie wir das auf den meisten gotischen Altären sehen, nur die Leidensgeschichte Christi dargestellt ist, sondern auch das Leben und der Tod des später heiliggesprochenen Erzbischofs von Canterbury, Thomas Becket, der um 1118 zu London geboren wurde und bis 1170 lebte. Die Sache ist nicht nur aus der Geschichte bekannt, auch die Literatur hat sich mit dem Schicksal Beckets beschäftigt. Jean Anouilh schrieb darüber ein Drama, das auch verfilmt worden ist.

Wie ein Altar mit der Leidensgeschichte eines englischen Priesters nach Tettens kommt, ist unklar. Kein Wunder, daß schon manche Engländer im Jeverland sich diesen Altar angesehen haben.

Thomas Becket war zu seiner Zeit eine Persönlichkeit, die etwas bedeutete und auch einiges Aufsehen erregt hat. Zunächst war Becket Kanzler des englischen Königs Heinrich II. gewesen und hatte sich mit diesem gegen das Papsttum gestellt. Erzbischof von Canterbury geworden, focht er nun jedoch für die kirchlichen Freiheiten und wurde damit ein Gegner des Königs und auf dessen Geheiß 1170 erschlagen. Die Darstellung der Geschichte von Thomas Becket ist dramatisch. Der zum Bischof geweihte Becket wäscht anderen die Füße und erscheint vor dem Papst. Böse Buben verhöhnen ihn, zum Spott haben sie seinem Pferd den Schwanz abgeschnitten. Das mittlere Bild in der unteren Reihe stellt die Ermordung Thomas Beckets vor dem Altar seiner Kirche dar. Auf dem letzten Bild kniet ein König vor dem Altar. Wer ist dieser König, weshalb kniet er vor dem Altar, an dessen Stufen Becket ermordet worden ist? Ist es der König von England, um seine Reue für die ruchlose Tat zu bekennen, ist es der König von Frankreich, von dem wir wissen, daß er nach Canterbury kam, um dem toten Heiligen für die Genesung seines Sohnes zu danken? Wir wissen es nicht. Wir wissen aber, daß der englische König nach dem Mord an Thomas Becket Buße tat und sich am Grab Beckets geißeln ließ.

Auf dem linken Flügel des Altars wird die versöhnlichere Geschichte eines Heiligen bildlich erzählt. Er ist dem heiligen Martin von Tours gewidmet. In sechs Bildern wird sein Leben geschildert: Ein Bettler kniet vor Martin, der hoch zu Roß reitet, Martin schneidet seinen Mantel in zwei Teile, damit der Bettler sich an der einen Hälfte wärmen kann; Christus erscheint auf dem zweiten Bild dem Heiligen im Traum mit dem halben Mantel bekleidet (»Was du getan hast, hast du für mich getan.«); auf dem dritten Bild wird Martin der Bischofshut aufs Haupt gesetzt; die nächsten Bilder zeigen, wie Martin einen verstorbenen Schüler zum Leben erweckt und wie er schließlich, auf dem Sterbebett, in die Ewigkeit eingeht.

Verschiedene Zeitalter haben an der Gestaltung der Tettenser Kirche mitgewirkt. In der romanischen Zeit ist der Bau errichtet worden, aus der gotischen Zeit stammen Altar und Sakramentshäuschen. Aus

Sandstein gefertigt, ragt es 7 m hoch. Daß der Häuptling von Middoge, Omme, das Sakramentshäuschen gestiftet hat, ist der Inschrift zu entnehmen – woraus denn auch die Sage entstand, er habe es aus Buße dafür getan, weil er den Tettenser Pfarrer erschossen hätte. Aus dem Jahr 1564 stammt die Kanzel, zu der früher (vor der Renovierung der Kirche) ein langer Gang führte, den Pastor Thorade mit leichtem Schmunzeln die »theologische Laufbahn« nannte.

Im Jahr 1717 ist die Decke bemalt worden. Sie stellt wiederum eine Besonderheit der Tettenser Kirche dar. In das Rankenwerk sind bildliche Darstellungen in Form von Medaillons eingestreut, so der Regenbogen, der uns kündet: »Gott ist gnädig« und andere symbolische Darstellungen.

Verschiedene Kunstformen vereinen sich mit dem strengen romanischen Stil des Bauwerks, und zu den Gottesdiensten erklingt die Orgel in ihrem prächtigen barocken Prospekt.

Tettens gehört zu den ältesten Wurtendörfern des Jeverlandes, hervorgegangen aus einer chaukischen oder friesischen Siedlung, die sich nach dem Sippenältesten Tette benannt haben mag. Die Flurnamen des Ortes und der Umgebung, zu der auch das nahe Wurtendorf Ziallerns gehört, deuten gleichfalls auf das hohe Alter dieses Siedlungsplatzes hin.

Eckwarden – buten der Jade

Es gab einmal eine Zeit, da konnte man noch von Wilhelmshaven nach Eckwarderhörne fahren, zur südwestlichen Ecke Butjadingens, dem Land »buten der Jade«. Die Stadt Wilhelmshaven hatte dafür extra ein Schiff gebaut, das unter dem Namen »Eckwarden« lief, und die Fahrt aus der 1. Hafeneinfahrt nach »drüben« war einmal eine angenehme kleine »Seereise«, zum andern erschloß sie dem Besucher drüben eine unverfälschte Marschenlandschaft (und der Besuch von drüben nach Wilhelmshaven der Geschäftswelt in den Jadestädten eine Einnahmequelle). Auch aus früheren Jahrhunderten wissen wir von einer Verbindung zwischen Heppens und Butjadingen mit dem Boot des Heppenser Fährmanns, der des öfteren in alten Aufzeichnungen erwähnt wird, wobei u. a. vom Fährhuck in Dauens und Heppens und vom Fährhuck in Eiswürden bzw. beim »Alster Ort« drüben in Butjadingen die Rede ist. Außer der im Eckwarder Kirchenbuch verzeichneten Tatsache, daß der Sohn des »Garlich Almcke, des Fermannes aver de Jade, mit des Spelmanns dochter ein unechte Kind« hatte, sind über den Fährverkehr und über die Personen viele Angaben überliefert. Die Fährverbindung zwischen Wilhelmshaven und Eckwarderhörne erfolgte noch bis 1886 mit Kähnen und Ruderbooten und wurde im Juni 1886 dann mit einem Dampfschiff weitergeführt. Noch bis in die Zeit nach dem zweiten Weltkrieg bestand diese Verbindung.

Nun ist man für den Besuch in Butjadingen auf den Landweg rund um den Jadebusen angewiesen. Aber auch er lohnt sich. Man kann dabei alle Orte Butjadingens besuchen, vor allem an der Westseite die Dörfer Langwarden und Tossens, bevor wir den »traditionellen« Ort Eckwarden erreichen, der so oft bei einer Fahrt mit der Fähre das Ziel der Wilhelmshavener gewesen ist.

Eckwarden ist ein altes Wurtendorf, dessen Entstehung zurückgeht in die Zeit vor dem ersten Deichbau. Damals trennte unser heutiges Wilhelmshavener Gebiet und Butjadingen noch kein Wasser, der Jadebusen bestand noch nicht, nahe bei Eckwarden lag Aldessen, das aus dem Mittelalter als Marktort bekannt war, auch noch zur Zeit, als der erste Jadeeinbruch sich vollzogen hatte, die Ahne zwischen Aldessen und Eckwarden in die Jade floß und der Ort Ekwartherbrugge in alten Urkunden auftaucht. Aldessen und Ekwartherbrugge sind inzwischen ebenso in den Fluten vergangen wie die Oberahneschen Felder, und es scheint, daß nach dem Untergang dieser beiden Orte Eckwarden erhöhte Bedeutung erhalten und nun seine Kirche bekommen hat. Sie ist ein gotischer Bau, errichtet von Backsteinen, allerdings unter Verwendung von Sandsteinquadern, die möglicherweise von einem älteren Bau übriggeblieben sind. 1428 hören wir zum ersten Male von der Kirche zu Eckwarden, die frühestens in der zweiten Hälfte des 14. Jahrhunderts errichtet worden sein kann. Sie gehört also nicht zu den ältesten Kirchen und hat auch kaum als Wehrkirche gedient. Für wehrhafte Zwecke war im Mittelalter bei Eckwarden ein Steinhaus vorhanden (Gutswarden). Die Südwand der Kirche war besonders dekorativ gestaltet. Die Inschrifttafel und die Sonnenuhr weisen darauf hin, auch sind noch Nischen vorhanden, in denen vor der Reformation Heiligenbilder gestanden haben. Das Gesims ist durch kleine Dreiecke besonders betont worden.

Das Innere der Kirche birgt ein hervorragendes Kunstwerk: Das Epitaph für den Eckwarder Vogt Meent Syassen und seine Ehefrauen Acke und Frowe. Meent Syassen, geboren 1578, zum ersten Male verheiratet 1606, zum zweiten Male 1616, gestorben 1632, war 15 Jahre Vogt. Er ist seiner zweiten Frau wahrscheinlich im Tode vorangegangen, und es darf vermutet werden, daß diese für ihren Mann dies Epitaph anfertigen ließ. Der Schöpfer ist Ludwig

Münstermann, und es ist doppelt erfreulich, daß das Kunstwerk vor einiger Zeit neu bemalt worden ist.

Eckwarden ist kein sonderlich großes Dorf, aber um so eindringlicher wirken auf den Besucher das Bauwerk der Kirche mit dem an der Straße stehenden efeuumrankten Glockenturm. Dazu kommen aber auch die mächtigen Bäume, die wie eine Kulisse hinter der Kirche aufragen, der Dorfstraße ein hohes Blätterdach geben und die Harmonie betonen, die über dem ganzen Ortsbild liegt. Und es ist noch etwas anderes, was dieser Dorfstraße ihr eigenes Gesicht gibt, es ist das Kunstwerk des Bildhauers Georg Marr, das unter den Kronen der Linden von solch eindringlicher Wirkung ist, daß niemand achtlos an ihm vorübergehen kann. Ein sterbender Krieger stützt sich auf seinen Schild, sein Schwert ist zerbrochen – das Leid des Kriegers ergreift den Beschauer aufs tiefste. Wenn es aber scheint, daß das Dorf immer ein stilles und beschauliches Dasein geführt hat, dann wird man eines anderen belehrt, wenn man in seiner Geschichte zurückblättert. Die Ereignisse des Mittelalters, die Kämpfe mit den oldenburgischen Kriegern sollen hier nur beiläufig erwähnt werden. Es hat vor gut 150 Jahren eine Zeit gegeben, da Eckwarden gleichsam die Rolle eines »Welthafens« spielte, nämlich in den Jahren 1804–1806.

Damals hatte Napoleon in seinen Auseinandersetzungen mit England das Kurfürstentum Hannover als Stammland der englischen Krone besetzt. Dem englischen Handel blieben Weser und Elbe verschlossen, aber die Jademündung war offen, und auf der Jade bei Eckwarden konnten die Handelsschiffe ihre Frachten löschen und auf Leichter umladen, die sie durch die Ahne in die Weser brachten. Die Weserlotsen verlegten ihren Standort nach Eckwarden, sie knüpften hier auch familiäre Bande.

Viele Schiffe liefen damals in die Jade ein, Segler aller Größen bis zu den Dreimastern, auch Grönlandfahrer waren unter ihnen, und manch ein Seefahrer, der hier starb, wurde fern seiner Heimat in Eckwarden zur letzten Ruhe gebettet.

Als Napoleon schließlich die Kontinentalsperre verhängte, kamen für Eckwarden schlechtere Zeiten. Eckwarden wurde französische Zollstation. Ein französischer Zollkreuzer brachte 1808 auf der Jade zwei englische Schiffe auf. Ihre Ladung wurde in der Scheune eines Eckwarder Bauern aufgestapelt. Es handelte sich um 83 153 Pfund Kaffee, 19 253 Pfund Rohzucker, 900 Pfund Hutzucker, 4921 Pfund Färbeholz, 217 Pfund Indigo und 756 Pfund Tabak sowie Manufakturwaren. Die Engländer konnten diesen Verlust nicht verschmerzen. Zwei englische Kriegsschiffe gingen vor Eckwarden vor Anker. Der französische Zollkreuzer wagte keine Gegenwehr, und die französischen Zöllner ergriffen bei der Landung der Engländer nach anfänglichem Versuch, sie abzuschlagen, die Flucht. Die Engländer holten sich alles zurück, was man ihnen abgenommen hatte. Nur einige Sack Kaffee blieben zurück, der Sergeant ritzte mit seinem Degen die Säcke auf, und Eckwardens Frauen eilten herbei, um ihre Schürzen zu füllen. Auffälligerweise hatten die Engländer das Versteck des Beuteguts nicht erst lange zu suchen brauchen. Die Eckwarder hielten nämlich mehr zu den Engländern als zu den Franzosen.

Wie zu Heppens hatten die Franzosen auch in Eckwarderhörne und auf den Oberahneschen Feldern eine Batterie errichtet. In der ersten Zeit mußte die Eckwarder Kirche als Pulvermagazin dienen. 50 Faß Pulver und andere Militäreffekten lagerten hier. Es gibt eine Familienchronik, die eingehend die Ereignisse in der Franzosenzeit in Eckwarden behandelt, die Chronik der Familien Gerdes/Koch, zusammengestellt von Herbert Gerdes.

In dieser Chronik sind alle die Ängste und Leiden zum Ausdruck gebracht worden, denen die Bewohner von Eckwarden und den umliegenden Ortschaften damals ausgesetzt gewesen sind. Dazu gehörte auch die Einberufung der jungen Männer zum französischen Kriegsdienst zu Lande und bei der französischen Marine sowie für die Beschäftigung bei der Anlegung der Batterien in Eckwarderhörne, in Großwürden und auf den Oberahneschen Feldern, einer kleinen Inselgruppe südlich von Eckwarderhörne im Jadebusen, die erst während des zweiten Weltkrieges in den Sturmfluten völlig verschwunden ist. Die Einquartierungslasten drückten die Einwohner in den Jahren 1810 bis 1813 hart. 1810 und 1811 lagen 332 Soldaten und Douaniers (Zollbeamte) mit 168 Pferden in Privatquartieren und noch 300 Mann in Kasernen, dazu noch »einige Frauen und Weiber«. 1812 wurde ein Teil abgezogen. Erst im November 1813 wurden die Batterien durch Kapitulation von den Franzosen an einen russischen General mit etwa 100 Soldaten übergeben. Die Besatzung war mehr als 400 Mann stark. Bevor der französische Kommandant die Batterie auf den Oberahneschen Feldern räumte, steckte er sie in Brand.

Damit endete das kriegerische Zwischenspiel auf den Eilanden im Jadebusen. Sie sollten im Jahre 1905 noch einmal Bedeutung erlangen. Damals entdeckte Dr. h. c. Heinrich Schütte 1,40 m unter dem inzwischen angestiegenen mittleren Tidehochwasser mittelalterliche Kulturspuren. Schütte entwickelte daraus seine Küstensenkungslehre, auf die an anderer Stelle eingegangen wurde.

Nachwort

Bewegte Zeiten an Jade und Maade – sie verliefen im bunten Wechsel der Zeitläufte. Die Aufsätze sollten darauf einige Streiflichter werfen.

Seit im 8. Jahrhundert Karl der Große dieses Gebiet in sein Reich einfügte und als seine Sachwalter Grafen einsetzte, haben sich die politischen Verhältnisse oft verändert. Um die Jahrtausendwende zeichnet sich die Zeit der »friesischen Freiheit« ab. Sechzehn gewählte Geschworene, lateinisch als conjurati und consules, friesisch als redjeven (Ratgeber) bezeichnet, führten in den einzelnen Landesgemeinden. Dieser sog. Konsulatsverfassung folgte die Zeit der Häuptlinge, aus denen sich unter den Kaisern des Heiligen Römischen Reiches deutscher Nation erbliche Dynastien entwickelten, an Jade und Maade die Herren des Jeverlandes. 1575 vererbte die letzte von ihnen, Maria von Jever, das Land an die Grafen von Oldenburg. Wiederum durch dynastische Erbfolge kam es 1667 an Anhalt-Zerbst. 1681 war es für kurze Zeit dänisch. 1793 erbte die aus dem Hause Anhalt-Zerbst stammende Zarin Katharina II. von Rußland dieses Gebiet. Im Zuge der napoleonischen Expansion wurde es 1806 holländisch, 1810 französisch, 1813 wiederum russisch. 1818 schenkte Zar Alexander I. es dem Herzogtum Oldenburg. 1854 wurde ein Teil preußisch. 1937 bis zur Gründung des Landes Niedersachsen am 1. 11. 1946 wieder oldenburgisch in der britischen Besatzungszone. Seit 1949 gehört es mit Niedersachsen zur Bundesrepublik Deutschland.

»Das Beste, das wir von der Geschichte haben, ist der Enthusiasmus, den sie erregt«, hat Goethe einmal gesagt. Vielleicht kann man diese Worte auch diesem Büchlein mit auf den Weg geben.